KB200000

담대함

담대함

지은이 | 이규현
초판 발행 | 2019. 12. 11
등록번호 | 제1988-000080호
등록된 곳 | 서울특별시 용산구 서빙고로65길 38
발행처 | 사단법인 두란노서원
영업부 | 2078-3352   FAX | 080-749-3705
출판부 | 2078-3331

독자의 의견을 기다립니다.
tpress@duranno.com   www.duranno.com

담대함

오늘을 사는
여호수아들에게

맡겨진
삶의 영토를 살라

이규현
지음

두란노

CONTENTS

두려움의 벽 앞에서
멈칫거리고 있다면…

패배주의가 만연한 시대입니다. 신자들도 예외가 아닙니다. 이전보다 빨리 고갈되고 소진되는 모습입니다. 이유를 알 수 없는 두려움의 벽 앞에서 무너진 사람들이 늘어나고 있습니다. 불안과 두려움이 일상인 시대의 분위기 속에서 시작도 하기 전에 실패를 예견하며 나이를 불문하고 신경성 장애를 겪는 사람들이 부쩍 늘었습니다. 문명의 발달로 삶의 조건과 환경은 좋아졌지만 우리는 육체적으로나 정신적으로나 이전보다 훨씬 허약해졌습니다.

두려움은 거대한 적입니다. 두려움의 문턱을 넘지 못하면 삶은 갈수록 축소되고 피폐해질 수밖에 없습니다. 앞으로 나가지 못하게 발목을 잡는 것은 상황 자체보다 허우적거리는 자기 자신입니다. 걸림돌은 바깥에 있지 않고 내 안에 있습니다.

이스라엘 백성들은 가나안을 약속으로 받았지만 자주 멈칫거렸습니다. 그런 탓에 광야 길은 모질게도 길어졌습니다. 자신들이 만든 미로에 갇혀 버렸습니다. 만성적 무기력증이 그들을 옥죄었습니다. 걸음을 옮긴 발은 허공을 가르는 몸짓에 불과했습니다. 여호와 신앙은 현실에서 좀처럼 보기 힘들었고 입에서 새어 나오는 것은 거친 신음밖에 없었습니다.

가나안 땅은 신기루처럼 어른거릴 뿐이었습니다. 실패를 운명처럼 받아들이며 제자리걸음을 하는 그들의 모습에 오늘날 우리의 모습이 투영됩니다. 수많은 예배를 드리고 신앙의 햇수는 늘어가지만 세상 가운데 들어가면 여지없이 깨져 실패를 운명처럼 당연시하는 신자들이 많아지고 있습니다.

전설적 영웅인 모세가 죽자, 여호수아에게 노예근성이 뼛속 깊이 새겨진 오합지졸들을 이끌 임무가 주어졌습니다. 이때 두려움에 떠는 여호수아에게 당부하시는 하나님의 말씀은 커다란 울림을 줍니다.

여호수아서 1장은 기로에 선 여호수아와 이스라엘 백성에게 주어진 하나님의 말씀입니다. 이스라엘의 운명을 가르는 전환점에서 주어진 말씀입니다. 한 구절도 놓치고 싶지 않은 말씀입니다. 불안과 두려움을 이겨 내고 앞으로 전진하라는 응원의 메시지입니다. 과거의 실패로 인한 상처에 짓눌려 포기 증후군에 빠진 이스라엘을 다시 일으키시고자 하는 하나님의 의지를 전하는 말씀입니다.

세상 안으로 들어가면 만만한 것이 하나도 없습니다. 그러나 겁낼 필요가 없습니다. 가나안은 멀지 않은 곳에 있습니다. 풍성한 삶은 불가능한 고지가 아닙니다. 전선은 치열하지만 이미 결론이 나 있는 전쟁입니다. 상황이 아니라 하나님의 의지가 중요합니다. 안 될 것 같아 보여도 부딪혀 보면 전혀 다른 상황이 펼쳐지게 되어 있습니다. 난공불락이라는 명성에 겁 먹을 필요가 없습니다. "너는 능히 당할 자 없으리니" "전쟁은 여호와께 속한 것이니." 우리는 단지 하나님 편에 서 있기만 하면 됩니다.

신앙생활이 지리멸렬한 것으로 끝나면 안 됩니다. 신앙의 길이 푸념 가득한 넋두리로 점철되어선 안 됩니다. 도리어 신음이 탄성으로 바뀌어야 합니다. 영적 비경을 맛보아야 합니다. 정복해야 할 삶의 영토는 광활하고 끝이 없습니다.

여호수아서 1장은 믿음의 호기를 일으켜 주고도 남음이 있는 말씀입니다. 자신이 그어 놓은 경계선을 넘어서 새롭게 도약할 것을 촉구하고 있습니다. 마귀에게 빼앗겼던 것들을 탈환해야 합니다. 이 책을 읽는 가운데 하나님이 주신 기업을 당당히 취할 권세를 확인하고 분연히 일어나는 영적 전사가 되는 은혜가 있기를 기대합니다.

이 책이 나오기까지 수고한 분들을 기억하며 감사를 드립니다. 두란노에 깊이 감사를 드리고, 수영로교회 편집팀과 김나빈 목사의 수고에 감사합니다. 언제나 변함없는 동역자인 아내에게, 늘 기도로 동역을 해주신 양가의 부모님들에게도 감사의 마음을 전합니다. 그리고 언제나 영적 전사처럼 변함없이 복음을 위해 달려가시는 원로목사님과 힘든 세상 가운데서도 꿋꿋이 복음의 전사들로 살아가는 성도들에게도 격려와 함께 감사의 마음을 전합니다.

해운대에서
이규현 목사

소망불패

모세가 죽은 후

여호수아 1:1-2

1 여호와의 종 모세가 죽은 후에 여호와께서 모세의 수종자 눈의 아들 여호수아에게 말씀하여 이르시되

2 내 종 모세가 죽었으니 이제 너는 이 모든 백성과 더불어 일어나 이 요단을 건너 내가 그들 곧 이스라엘 자손에게 주는 그 땅으로 가라

한 단계를 매듭짓고 새로운 단계로 나아가는 전환점을 분기점이라고 합니다. 터닝 포인트(Turning Point)라고도 부릅니다. 인생에도 분기점, 즉 터닝 포인트가 있습니다. 그것은 어느 단계에 갇혀 있지 않고 경계를 뛰어넘어 새로운 단계로 나아가는 전환점입니다. 그런데 이 분기점을 넘지 못하면 정체됩니다. 때로 퇴행하기도 합니다.

이스라엘의 역사를 보면, 특히 여호수아서를 보면, 이 분기점을 생각하게 됩니다. 이스라엘 백성이 애굽을 떠나 광야를 거쳐 가나안으로 가는 동안 겪게 되는 과정마다에는 분기점이 있었습니다. 그것은 동시에 구원의 이야기였습니다.

우리 삶이 미래로 나아가려면, 분기점을 통과해야 합니다. 과거는 떠나보내야 합니다. 그래야 미래로 나아갈 수 있습니다. 현재라는 시간은 과거의 연장이기도 하지만, 미래로 나아가는 분기점이기도 합니다. 현재는 중요합니다. 시간은 앞으로 흐르기 때문입니다. 뒤로 가지 않습니다. 그런데 나이는 먹는데 삶은 뒷걸

음질하는 사람이 있습니다. 심각한 상태입니다.

구원, 그 후

이스라엘 백성이 애굽의 바로의 손에서 풀려난 것은 대단한 일입니다. 한번 상상해 보세요. 애굽은 당시 막강한 제국이었습니다. 그에 비하면 이스라엘 민족은 매우 초라했습니다. 아무것도 아니었습니다. 그런데 모세는 지팡이 하나만 손에 들고 바로에게 가서 맞장을 떴습니다. 모세는 바로와 맞대결하여 그의 무릎을 꿇게 하고, 이스라엘 백성을 출애굽시켰습니다.

출애굽은 현실적으로 보면 불가능한 일입니다. 당시 애굽에는 마차가 있었습니다. 오늘날로 말하면 마차는 최첨단 무기입니다. 그런 무기를 세상에서 가장 많이 보유한 바로는 당시에 신과 다름이 없는 존재였습니다. 그런 바로를 상대로 모세는 불가능한 일을 가능한 일로 바꿔 놓은 것입니다.

구원도 마찬가지입니다. 우리는 이미 구원받았기 때

문에 그 경이로움을 잊고 사는데, 구원은 우리의 힘으로는 불가능한 일입니다. 사람을 동원하고 온갖 수단과 방법을 동원한다 해도, 인류에게 내려진 심판과 재앙에서 벗어나 구원받을 길은 없습니다. 아무리 노력해도 우리 힘으로는 구원받을 방법이 없습니다.

모세는 열 가지 재앙으로 바로와 대항했습니다. 열 가지 재앙을 살펴보면, 하나님을 떠난 사람들이 겪는 고통입니다. 오늘도 하나님을 떠난 사람들은 재앙에서 벗어나지 못합니다. 모세는 그 열 가지 재앙을 제압하고 하나님의 능하심을 드러냈습니다. 모세와 이스라엘 백성은 하나님의 능하심에 힘입어 애굽에서 벗어나 축복의 땅으로 갈 수 있었습니다. 애굽에서 종살이하던 이스라엘 백성은 홍해를 건너 자유의 몸이 되었습니다. 그리고 이 사건은 이스라엘 백성의 구원의 출발점이 되었습니다.

이스라엘의 종살이가 얼마나 고통스러웠습니까. 바로는 이스라엘 백성에게 벽돌에 쓸 짚도 주지 않고 스스로 짚을 주워 벽돌을 만들게 했습니다. 그러면서 하루에 찍어 낼 벽돌의 수를 감해 주지 않았습니다. 이스라엘 백성의 고통은 극에 달했습니다.

마찬가지로 하나님 없이 죄에 억눌려 사는 인생은 죄의 종노릇하느라 몹시 고통스럽습니다.

우리는 예수님을 믿고 죄에서 놓여 자유인이 되었습니다. 그러나 우리가 구원받은 것으로 모든 것이 끝난 것은 아닙니다. 구원 이후가 더 중요합니다.

이스라엘 백성은 출애굽함으로써 종살이하던 과거에서 빠져나왔습니다. 애굽의 종살이가 끝난 것으로 모든 것이 끝난 것이 아닙니다. 광야 생활을 하는 지금 이스라엘 백성이 나아갈 미래는 가나안입니다. 가나안을 정복해야 미래로 나아갈 수 있습니다. 이제 이스라엘 백성은 자유인으로서 하나님이 약속하신 가나안을 정복해야 합니다. 이것이 구원의 과정에서 매우 중요합니다.

예수님을 믿고 천국을 약속받은 것으로 모든 게 끝난 게 아닙니다. 천국이라는 미래에 도달하기 위해 죄에서 놓여난 자유인으로 살아가는 오늘, 구원의 드라

마가 펼쳐져야 합니다. 하나님의 백성으로서 죄의 사슬을 모두 끊어 버리고 이 땅에서 자유인으로 살아가는 것이 얼마나 복된 것인가를 경험해야 합니다. 과거를 청산하는 정도가 아니라, 활짝 열린 미래로 나아가야 합니다. 절망에서 벗어난 것으로 만족하지 않고 소망의 자리로 나아가야 합니다.

우리는 우리가 계획하고 꿈꾸는 수준이 아니라, 하나님이 계획하신 수준에까지 도달해야 합니다.

여호수아서는 미래로 나아가도록 우리를 이끌어 줍니다. 우리의 상상력을 자극하는 흥미로운 이야기가 많습니다. 그래서 저는 여호수아서를 읽으면 가슴이 뜁니다. 애굽에서 종살이하던 이스라엘 백성이 홍해를 건너 가나안으로 가는 여정은 하나님의 구원사를 잘 보여 줍니다. 우리의 신앙을 전체적으로 보게 합니다.

하나님의 구원은 우리가 생각하는 것보다 훨씬 크고 광대합니다. 많은 사람들이 교회 다니는 것으로 만족함으로써 구원을 축소해 버립니다. '예수 믿는 게 이런 거지, 특별한 게 있겠나' 하며 신앙생활이 정체되거나 도리어 퇴보하는 사람이 많습니다. 과거에 머무를 것인가, 미래로 나아갈 것인가, 이것은 중요한 분기점입니다. 여호수아서는 그 분기점에 있습니다.

예수님을 믿지 않았을 때와 예수님을 믿고 난 후, 삶이 얼마나 달라졌습니까? 분기점을 분명히 넘었습니까? 예수를 믿은 지 한참이 지났는데도 이전의 모습과 달라진 게 없습니까? 세상 사람들이 추구하는 것을 똑같이 추구하고 있습니까? 그렇다면 여전히 과거에 머물러 있는 것입니다.

하나님은 우리를 구원받기 이전과 다르지 않은 모습으로 인도하시지 않습니다. 신앙은 과거지향적이 아니라 미래지향적입니다. 신앙을 가지면 과거는 생각하기도 싫습니다. 예수님을 믿지 않았을 때의 모습은 상상하기도 싫습니다. 그래서 신앙을 가지면 미래지향적이고 도전적으로 변합니다.

그런데 과거로부터 자유로워지기는 쉽지 않습니다. 죄의 종노릇한 세월이 길었기 때문입니다. 죄의 종노릇한 과거가 끌어당겨서 자꾸 돌아가려고 합니다.

죄의 힘은 강력합니다. 죄의 향수는 강렬합니다. 체취처럼 온몸에 묻어 있습니다. 죄의 DNA가 우리의 몸속에 깊이 새겨져 있습니다. 죄의 뿌리가 얼마나 깊은지, 에덴동산에서의 아담과 하와의 원죄로까지 거슬러 올라갑니다.

우리는 죄를 용서받았지만, 죄의 습성은 여전히 우리 삶에 영향을 미칩니다. 은혜받은 뒤에도 얼마 지나지 않아 다시 시름시름 앓는 소리를 합니다. 자꾸 뒤로 가려고 합니다. 하나님을 신뢰하기보다 세상의 힘을 의지하려고 합니다.

출애굽의 감격으로 하나님을 찬양하던 이스라엘 백성들도 얼마 안 가 과거로 회귀하려 했습니다. 이전에 애굽 땅에 있던 때가 더 나았다고 말하면서 모세와 아론을 원망했습니다.

애굽에 매장지가 없어서 당신이 우리를 이끌어 내어 이 광야에서 죽게 하느냐 어찌하여 당신이 우리를 애굽에서 이끌어 내어 우리에게 이같이 하느냐 출 14:11

이스라엘 백성은 미래로 나아가기보다 과거로 돌아가려고 했습니다. 그들의 광야 생활이 길어진 이유입니다. 광야 1세대로서 여호수아와 갈렙만이 가나안 땅에 들어가게 된 것도 이 때문입니다. 여호수아와 갈렙을 제외한 광야 1세대 이스라엘 백성은 모두 광야에서 죽었습니다. 그들은 구원은 받았지만 그들의 삶은 초라하게 끝났습니다. 이스라엘 백성을 향한 하나님의 구원은 완전히 열리지 않았습니다.

광야를 지나 가나안으로 가는 여정은 깁니다. 이 여정 동안 이스라엘 백성은 수없이 무너지고 깨졌습니다. 이 여정은 하나님의 특별한 훈련 기간이었지만 그들은 그 훈련을 제대로 통과하지 못했습니다. 광야는 종착지가 아닙니다. 목적지는 가나안입니다.

가나안을 천국으로 해석하는 사람들이 많은데, 가나안은 우리가 정복해야 할 땅입니다. 구원받은 하나님의 백성들이 정복해야 할 대상입니다.

여호수아서 1장은 새로운 터닝 포인트가 시작되었음을 알리고 있습니다. 본문의 말씀에는 모세의 죽음이 언급되어 있습니다. 모세가 누구입니까? 모세는 이스라엘의 상징적인 인물입니다. 이스라엘 백성들이 출애굽하고 광야를 지나는 동안 모세는 독보적인 리더십을 발휘했습니다. 이스라엘 백성은 모세를 하나님의 대언자라 믿고 그가 이끄는 대로 따랐습니다. 그런 모세가 가나안을 목전에 두고 죽었습니다. 이스라엘 백성의 희망이자 영웅인 모세가 죽은 것입니다. 이 사건은 이스라엘에게 분기점이 되었습니다. 모세의 죽음은 이스라엘 공동체에 커다란 상실을 가져다주었습니다.

의지했던 대상이 사라지는 것을 경험해 본 적이 있습니까? 가장이 갑자기 쓰러졌을 때, 가족들은 눈앞이 캄캄합니다. 가정의 희망이던 자녀가 사고를 당했을 때, 청춘을 모두 쏟아부었던 일이 실패했을 때 절망할 수밖에 없습니다.

사람이 기대하는 것은 모두 무너집니다. 우리는 희

망이 절망으로 바뀌는 것을 늘 경험하며 살아갑니다. 그런데 절망을 경험하는 것이 중요합니다. 절망을 대충 경험하면 안 됩니다. 이스라엘의 역사는 절망의 역사라고 할 수 있습니다. 이스라엘 민족은 고난을 유난히 많이 겪었습니다. 그들은 시련의 강을 자주 건너야 했습니다.

우리나라 역시 절망의 역사라고 할 수 있습니다. 시련이 많았습니다. 지금도 절망적인 모습을 많이 볼 수 있습니다. 우리가 할 수 있는 것이 없어 보입니다. 우리가 희망하는 것이 이루어지면 너무 좋을 것 같지 않습니까? 아닙니다. 인간의 희망은 절망으로 바뀌어야 합니다. 우리는 잘못된 것을 희망할 때가 많기 때문입니다. 희망하지 말아야 할 것을 희망하면 안 됩니다.

절망은 나쁜 것이 아닙니다. 절망은 참된 것을 소망하게 합니다. 우리는 절망을 통해 무엇을 소망해야 하는가를 분명히 깨닫게 됩니다.

실패는 나쁜 것이 아닙니다. 실패를 통해 새로운 소망을 발견할 수 있기 때문입니다. 희망한 대로 이루어

지지 않아서 잘못되었다고 하십니까? 그렇지 않습니다. 하나님이 우리가 소망하는 것을 깨뜨리신 것입니다.

절망은 반드시 있습니다. 또 반드시 있어야 합니다. 그러므로 절망을 피하려고 해서는 안 됩니다. 그러면 더 처절해집니다. 하나님은 절망을 통해 우리를 소망의 세계, 미래의 세계로 나아가게 하십니다. 그러므로 절망을 경험하면서 분기점을 맞아야 합니다.

인간의 삶은 희극보다 비극에 더 가깝습니다. 저는 목회를 할수록 인간 삶의 고통과 절망을 더 많이 느끼게 됩니다. 젊은 시절, 잘 몰랐을 때는, 성도들로 하여금 희망을 품게 하는 설교를 많이 했습니다. 그러나 절망을 경험하지 않으면 참된 희망을 가질 수 없다는 것을 나이가 든 뒤에야 알게 되었습니다.

위대한 문학은 희극보다 비극에서 탄생합니다. 왜 그럴까요? 비극이 인간의 삶을 보다 잘 그려 내기 때문입니다. 희극으로는 인생을 다 담기 어렵습니다.

하나님의 사람은 절망의 끝에서 하나님을 만납니다. 인생의 분기점을 경험합니다. 절망을 경험하는 동안 자신이 누구인가를 발견할 수 있습니다. 인생의 시행착오는 내가 나 자신을 모르기 때문에 겪게 됩니다. 나 자신을 모르면 자기를 과신하게 되고, 이 과신은 하나님께 나아가는 길을 방해합니다. 자아가 무참하게 깨지는 절망을 경험하는 순간 우리는 자신을 정확하게 알게 되고, 그렇게 자기 존재를 알게 된 사람은 하나님께 나아가게 됩니다. 그러므로 절망은 유익한 것입니다.

이스라엘 백성은 광야에서 혹독한 시간을 보냈습니다. 애굽으로 돌아갈 수도 없고, 앞으로 나아갈 수도 없는 혹독한 시간을 지나 가나안을 목전에 두었습니다. 그런데 그들을 믿음직스럽게 이끌던 모세가 죽었습니다. 이제 시련은 끝나고, 희망만 남았다고 기대하는 순간 절망이 엄습했습니다.

절망의 지점은 소망과 닿아 있습니다. 희망이 사라지는 지점에서 소망의 꽃이 피어오릅니다. 그러므로 절망의 지점에서 속단해서는 안 됩니다.

절망의 늪에서 누가 소망의 등불을 켜고 있습니까? 누가 새로운 역사를 시작하고 있습니까? 모세가 죽자 하나님은 모세의 수종자 여호수아를 세우셨습니다. 하나님이 새로운 역사를 시작하셨습니다.

하나님이 우리의 리더가 되신다

여호수아서 1장을 보면, 모세와 여호수아, 백성들이 등장합니다. 그리고 하나님이 등장하십니다. 우리는 사람을 주목하다가 정작 하나님을 놓칠 때가 많습니다. 성경은 사람의 이야기가 아니라 하나님의 이야기입니다. 그러므로 성경을 읽을 때 우리의 상황이나 감정은 중요하지 않습니다. 오직 하나님은 누구신가, 하나님이 무엇을 하시는가에 주목해야 합니다. 아브라함의 이야기가 흥미진진한 것은 그 인생을 써 내려가신 분이 하나님이기 때문입니다.

민족의 영웅 모세는 하마터면 우상이 되었을지도 모릅니다. 모세는 이스라엘의 역사에서 누구보다 특별한 존재임에 분명합니다. 그는 이스라엘의 역사를 바꾼 여호와의 종이었습니다. 그랬기에 사람들이 그를 하나님보다 더 큰 존재로 우상화할 위험이 있었습니다. 그렇기에 모세가 가나안을 목전에 두고 죽은 것은 그의 인생에서 다행한 일일 수 있습니다.

하나님은 여호수아에게 새롭게 시작할 기회를 주십니다. 여호수아는 모세에 비하면 그 존재감이 너무 미미합니다. 사람의 눈으로 보면, 여호수아가 리더가 되는 것은 역사가 후퇴하는 것처럼 보입니다. 실제로 모세와 여호수아는 급이 달랐습니다.

성경은 모세를 '여호와의 종'이라고 한 반면, 여호수아는 '모세의 수종자'라고 합니다(1절). 여호수아는 모세와 상대가 되지 않습니다. 여호수아도 이 사실을 너무나 잘 알았습니다. 모세의 뒤를 이어 자신이 이스라엘 백성을 이끌 수 있으리라고는 상상도 못했을 것입니다. 그랬기에 하나님도 여호수아에게 반복해서 '강하고 담대하라'고 용기를 북돋워 주십니다.

여호수아서는 전쟁의 책입니다. 이스라엘은 가나안 땅에 들어가서 전쟁을 치러야 합니다. 그리고 전쟁에서 반드시 승리해야 합니다. 전쟁에서 전술과 전략보다 중요한 것이 지휘관이 누구인가입니다. 여호수아는 이스라엘이 치러 낼 전쟁의 지휘관으로 세워졌습니다.

그런데 여호수아서를 보면 이스라엘 백성이 싸운 전쟁에서 지휘관은 여호수아가 아니라 하나님임을 알 수 있습니다. 실제로 하나님은 "전쟁은 하나님께 속한 것"이라고 선포하셨습니다(대하 20:15). 하나님이 여호수아를 향해 "두려워하지 말라" 하신 이유는 이 때문입니다. 이스라엘의 참 지휘관은 하나님이시기에 여호수아는 하나님을 믿고 따르기만 하면 되었습니다.

내가 하면 두렵고 떨립니다. 내 힘으로는 세상을 상대로 싸워서 이길 수 없습니다. 홍해를 어떻게 건너갑니까? 당시 절대적 존재였던 바로를 어떻게 무릎 꿇게 합니까? 난공불락 여리고성을 어떻게 무너뜨립니까? 요단강을 어떻게 건너갑니까? 어떤 것도 만만하지 않습니다. 그러나 우리에게는 하나님이 계십니다. 하나님이 우리의 리더이시요 지휘관이십니다.

전쟁은 참혹합니다. 전쟁에서 지면 비참합니다. 전쟁에서는 반드시 승리해야 합니다. 여호수아가 자신의 힘을 의지했다면 불안했을 것입니다. 두려워 견딜 수 없었을 것입니다. 이때 여호수아가 할 일은 하나님을 바라보는 것이었습니다. 눈을 들어 하나님께 시선을 고정하는 것이었습니다. 그러면 다 됩니다.

여러분을 둘러싼 상황이 얼마나 복잡하고 어렵습니까? 상황만 바라보면 불가능해 보입니다. 절망하고 두려워 떨 수밖에 없습니다. 오직 하나님을 바라보아야 합니다. 하나님께 시선을 고정하는 것, 이것이 믿음입니다. 그리스도인의 채널은 오직 하나님밖에 없습니다. 다른 곳을 기웃거리지 마십시오.

하나님이 모든 것을 하십니다. 모세도 여호수아도 주인공이 아닙니다. 주인공은 하나님이십니다. 하나님이 주연, 각본, 감독 등 모든 것을 맡으셨습니다. 하나님은 우리가 알지 못하는 이야기를 써 내려가십니다. 역사의 주인공은 하나님이십니다. 그러므로 역사는 하나님의 이야기입니다.

이스라엘이 당한 현실을 보면 답이 없습니다. 그들은 훈련된 군사도 아니었고 전쟁을 경험한 적도 없습니다. 더구나 절대적 신뢰를 받던 모세까지 없는 상황입니다. 그런 상황에서 하나님이 답을 내셨습니다. 먼저 여호수아를 모세를 잇는 리더로 세우셨습니다.

우리는 항상 배후의 그림을 보아야 합니다. 사건만 보고 따라가면 길을 잃을 수 있습니다. 배후에서 역사하시는 하나님을 볼 줄 아는 것이 믿음입니다.

승리는 어차피 우리의 것이다

고린도전서 15장은 부활장으로 부활의 승리를 노래하고 있습니다. 특히 이 마지막 구절이 너무 좋습니다.

우리 주 예수 그리스도로 말미암아 우리에게 승리를 주시는 하나님께 감사하노니 그러므로 내 사랑하는 형제들아 견실하며 흔들리지 말고 항상 주의 일에 더욱 힘쓰는 자들이 되라 이는 너희 수고가 주 안에서 헛되지 않은 줄 앎이라

고전 15:57-58

누가 우리에게 승리를 주십니까? 하나님이 주십니다. 하나님은 주 예수 그리스도로 말미암아 우리에게 승리를 주십니다.

우리에게 주어진 승리는 그냥 주어진 것이 아닙니다. 그리스도 안에서 이루어진 승리입니다. 그리스도의 십자가와 부활을 통해 이루어진 승리는 누구도 흔들 수 없는 확정된 승리입니다. 그리스도를 바라보고 그리스도를 믿고 그리스도를 따라가는 사람들에게는 소망이 있습니다. 실패할 수 없습니다. 그러므로 우리는 견실하며 흔들리지 말고 항상 주의 일에 더욱 힘써야 합니다.

결론을 알면 모든 것이 어렵지 않습니다. 우리가 혼란스러워하는 것은 결론이 어떻게 날지 모르기 때문입니다. 하지만 하나님은 성경을 통해 결론을 보여 주십니다. 죄로 인해 주어진 고통과 죽음, 지옥의 권세를 예수 그리스도의 이름으로 짓밟아 버린 것이 결론입니다. 그러므로 우리는 더 이상 죄로 인한 고통과 절망을 경험하지 않아도 됩니다.

그리스도인으로서 세상을 살아가는 것은 결코 만만한 일이 아닙니다. 신앙은 싸움입니다. 매일 치열한 전쟁을 치러야 합니다. 적은 쉽게 물러서지 않습니다.

가나안을 정복하는 것은 결코 쉬운 일이 아닙니다. 가나안 땅에는 이미 원주민이 살고 있습니다. 그들이 순순히 물러날 리 만무합니다. 그럼에도 분명한 것은 승리는 이스라엘에게 있다는 것입니다. 이유가 무엇입니까? 하나님이 여호수아를 세우신 뒤 이스라엘을 가나안으로 들이실 것이기 때문입니다. 이스라엘이 할 일은 이 사실을 믿음으로 절대 포기하지 않는 것입니다. 포기하지만 않으면 승리는 우리의 것입니다.

현실을 보면 소망을 가질 수 없습니다. 절망스럽습니다. 그러나 이스라엘 백성은 하나님이 약속하신 가나안을 바라보며 소망을 가져야 합니다.

여기서 소망은 피상적이거나 단순한 것이 아닙니다. 피상적인 낙관론으로는 세상을 이길 수 없습니다. 어둡고 암담한 현실로 인한 절망을 이길 수 있는 확실한 소망이어야 합니다. 단순히 좋아질 것이라고 기대하는 희망 정도로는 안 됩니다.

하나님은 우리를 죄에서 자유하게 하시고 구원하셨습니다. 그러나 그것으로 만족해서는 안 됩니다. 여전히 우리를 괴롭히는 욕망으로부터 해방되어야 합니다. 죄에서는 자유로워졌어도 끝없는 욕망으로부터 해방되지 않으면, 우리는 인간의 굴레에 갇혀 믿음 생활을 온전히 할 수 없습니다. 하나님은 우리를 묶고 있는 모든 것으로부터 우리를 해방하기 원하십니다. 이것은 오직 하나님만 하실 수 있습니다.

모세는 율법을 상징하는 인물입니다. 율법은 우리를 구원과 자유로 이끌지 못합니다. 율법 안에 있는 동안에는 아무리 노력해도 우리는 죄인일 수밖에 없습니다.

사도 바울은 "내가 복음을 부끄러워하지 아니하노니 이 복음은 모든 믿는 자에게 구원을 주시는 하나님의 능력이 됨이라"(롬 1:16)고 말했습니다. 우리는 예수 그리스도의 복음 안에서 완전한 구원의 자유를 누려야 합니다. 복음은 곧 예수 그리스도입니다. 복음은 하나님의 지혜요 능력이며, 하나님이 우리에게 주신 최고의 선물입니다. 우리가 복음을 온전히 이해하고 경험할 때, 우리를 묶고 있는 모든 족쇄로부터 자유함을 얻습니다. 그때 진정한 자유인이 됩니다.

우리의 소망은 무엇입니까? 하나님입니다. 우리는 오직 하나님께 소망을 두어야 합니다.

오늘날 사람들이 왜 절망합니까? 답이 없기 때문입니다. 세상을 보십시오. 수많은 난제가 겹겹이 쌓여 있습니다. 사람의 힘으로 해결할 수 있는 것이 아닙니다. 사람이 동원한 수단과 방법으로는 아무것도 해결할 수 없습니다. 도리어 악화시킬 뿐입니다. 절망의 순간에는 이래도 저래도 힘이 듭니다. 답이 없을 때는 내가 가진 수단과 방법으로 해결하려는 것을 멈추어야 합니다. 절망의 실타래를 풀 수 있는 분은 오직 하나님뿐이기 때문입니다.

하나님께 소망을 두지 않는 희망은 막연한 낙관주의에 불과합니다. "경기가 곧 좋아지겠지" "곧 해결될 거야" "잘될 거야" 하고 막연하게 생각하는 것입니다. 전망할 수는 있습니다. 기대할 수도 있습니다. 낙관적으로 생각할 수도 있습니다. 더 나은 세상이 올 것이라는 희망을 가지는 것은 좋습니다. 그러나 그것은 답이 아닙니다. 사람은 상황을 바꿀 수 없습니다. 상황을 바꿀 수 있는 능력이 사람에게는 없습니다.

비록 어려운 일을 당하고, 악한 자들이 공격하며, 큰 실패를 경험한다 해도, 하나님은 그것을 선으로 바꿔 주십니다. 우리는 이것을 믿습니다. 하나님은 어둠의 하나님이 아니요, 빛의 하나님입니다. 하나님은 파멸하시는 분이 아니요, 건설하시는 분입니다. 하나님은 멸망의 길이 아닌 구원의 길로 우리를 이끄시는 분입니다. 하나님은 증오의 길이 아닌 사랑의 길로 우리를 인도하시는 분입니다. 그렇기에 우리의 소망은 오직 하나님께 있습니다. 하나님이 답입니다.

이 시대가 얼마나 어렵습니까. 앞으로도 많은 어려움이 밀려올 것입니다. 이런 때일수록 영안이 열리고 성령님이 각 사람에게 깨닫게 하시는 것을 경험해야 합니다. 내가 보고 싶은 것을 보는 것이 아니라, 하나님이 보여 주신 영적 세계를 보아야 합니다. 그래야 하나님의 하나님 되심을 볼 수 있고 내가 누구인가를 깨달을 수 있습니다.

그리스도인, 신자, 성도라는 이름이 얼마나 존귀합니까. 우리의 정체성이 얼마나 놀랍습니까. 예수님을 믿고 하나님의 자녀가 되었다는 것이 우리에게 주는 무게감과 풍성함이 어떤 것인가를 깨달아야 합니다. 그때 우리는 세상에서 기품 있고 당당하게 살아갈 수 있습니다.

돈이 없다고 비굴해지는 것은 옳지 않습니다. 세상과 환경은 우리를 죽일 수 없습니다. 우리의 생사는 하나님 손에 있습니다.

우리 주 예수 그리스도의 하나님, 영광의 아버지께서 지혜와 계시의 영을 너희에게 주사 하나님을 알게 하시고 너희 마음의 눈을 밝히사 그의 부르심의 소망이 무엇이며 성도 안에서 그 기업의 영광의 풍성함이 무엇이며 그의 힘의 위력으로 역사하심을 따라 믿는 우리에게 베푸신 능력의 지

극히 크심이 어떠한 것을 너희로 알게 하시기를 구하노라

엡 1:17-19

지혜와 계시의 영이 열리지 않으면 두려운 상황만 보입니다. 하나님이 보이지 않습니다. 하나님이 밝히시는 눈이 열리지 않으면 자신이 누구인지 알지 못합니다. 인생이 쪼그라드는 수밖에요.

여러분은 지금 어디에 있습니까? 애굽으로 다시 돌아가려고 하지는 않습니까? 머물러서는 안 되는 곳에 머물러 있지는 않습니까? 인생의 분기점을 통과했습니까? 구원의 풍성함과 경이로움을 이해하지 못한 채 막연하고 무미건조한 신앙생활을 하고 있지는 않습니까?

우리는 구원받은 하나님의 백성입니다. 우리의 신분은 이처럼 놀랍고 영광스러운 것입니다. 그러므로 움츠러들지 마십시오. 세상의 눈치를 보지 마십시오. 다만 영성을 회복하십시오. 그렇지 않으면 세상에서 박살납니다.

예수 믿는 것을 그냥 그렇고 그런 것이라고 속단하

고 있습니까? 하나님을 우습게 보는 태도입니다. 하나님께 바랄 것이 더 이상 없는 것처럼 신앙생활하지 마십시오. 나의 실력이 아니라 하나님의 능력으로 살아가야 합니다.

Q.

Q. 이스라엘 백성에게 모세는 어떠한 리더였는가? 그가 사라진다는 것은 어떤 의미를 갖고 있는가? 당신은 모세를 잃은 이스라엘 백성처럼 의지했던 대상이 사라지는 경험을 한 적이 있는가?

Q. 사람이 절망하는 이유는 무엇이라고 생각하는가? 당신은 절망스러운 상황에 직면하면 어떻게 반응하는가?

Q. 절망 속에 있더라도 승리할 수 있는 이유는 무엇인가?

Q. 여호수아가 고난을 이겨낸 방법은 무엇인가? 당신과 비교했을
　때 어떠한 차이가 있다고 생각하는가?

언약신앙

발바닥으로 밟는 곳

3 내가 모세에게 말한 바와 같이 너희 발바닥으로 밟는 곳은 모두
내가 너희에게 주었노니

4 곧 광야와 이 레바논에서부터 큰 강 곧 유브라데 강까지 헷 족속
의 온 땅과 또 해 지는 쪽 대해까지 너희의 영토가 되리라

하나님의 언약 안에서 우리의 인생 스토리가 전개된다

성경을 읽을 때 절대 놓치지 말아야 할 것이 있습니다. 그것은 '하나님의 언약'입니다. 성경은 언약입니다. 구약(Old Testament)은 옛 언약이요, 신약(New Testament)은 새 언약입니다.

하나님은 여호수아에게 가나안 땅에 대한 언약을 말씀하십니다.

> 내가 모세에게 말한 바와 같이 너희 발바닥으로 밟는 곳은 모두 내가 너희에게 주었노니 수 1:3

이 언약은 모세에게 이미 말씀하신 것이라고 합니다. 그런데 사실 이 언약은 그보다 더 오래전 아브라함에게 하신 약속입니다. 사람은 죽어도 언약은 죽지 않습니다. 하나님의 말씀은 살아 있습니다. 인간의 역사에 무수히 많은 일이 일어나지만 그 중심에는 하나님의 언약이 굳건히 있습니다. 성경을 읽으면 역사를 보는 눈이 생깁니다.

가나안 땅에 대한 하나님의 언약은 갑자기, 충동적으로 이뤄진 게 아닙니다. 오래전 아브라함에게 하신 약속을 모세에게 하셨고 이제 다시 여호수아에게 하고 계십니다. 그리고 마침내 그 언약이 성취되는 순간이 다가오고 있습니다. "너희 발바닥으로 밟는 곳은 모두 내가 너희에게 주었노니"라고 분명히 말씀하십니다.

우리는 하나님의 약속에 관심을 가져야 합니다. 성경을 읽을 때, 하나님의 약속을 자세히 봐야 합니다. 예수 그리스도가 이 땅에 오심도 하나님의 약속에 의한 것입니다. 예수님은 하나님이 약속하신 대로 이 땅에 오셨습니다.

하나님의 언약은 사람들이 말하는 계약과 다릅니다. 계약은 서로 주고받는 것입니다. 우리는 집을 계약하거나 사업장을 계약할 때, 계약서를 씁니다. 그런데 이 계약은 깨질 수 있습니다. 계약서를 쓰고 도장까지 찍었다 해도 한쪽에서 일방적으로 깨 버리면 방법이 없습니다. 결혼도 약속입니다. 결혼할 때 검은 머리가 파뿌리가 될 때까지 변하지 않겠다고 약속하지만 모든 부부가 그 약속을 지키지는 못합니다. 사람과 사람 사이의 계약은 이처럼 깨어지기 쉽습니다.

그러나 하나님의 언약은 절대 깨지지 않습니다. 사람은 하나님과 약속한 대로 살지 못하고 쉽게 언약을 파기해 버려도, 하나님은 그 언약을 신실하게 성취해 가십니다. 어떤 값비싼 대가를 치르더라도 하나님은 당신의 언약을 반드시 이루십니다. 이 언약 안에 우리의 구원이 있습니다. 언약에 대한 하나님의 성실하심은 말로 다 할 수 없습니다. 우리가 성경을 읽을 때 이것을 놓치면 안 됩니다.

언약은 건물의 뼈대와 같습니다. 언약을 다르게 표현하면 우리와 관계를 맺고 싶어 하시는 하나님의 열망이라고 할 수 있습니다.

하나님은 아브라함을 불러내 믿음의 계보를 써 내려가기 시작하셨습니다. 그리고 요셉에 이르러 이스라엘 민족을 태동시켰습니다. 요셉은 애굽에 종으로 팔려간 뒤 우여곡절을 수없이 겪었습니다. 그런 고난을 딛고 요셉은 결국 애굽의 총리가 되었고, 이를 발판으로 야

곱 가(家)의 70인이 애굽으로 건너와 살게 되었습니다. 애굽에서 가장 기름진 땅 고센에서 정착해 살면서 히브리인의 인구는 폭발적으로 늘어났고, 이로써 이스라엘 민족이 태동되었습니다.

애굽 바로의 학정(虐政)으로 이스라엘 민족이 고통당할 때, 하나님은 모세를 부르셔서 그들을 이끌고 애굽을 탈출해 가나안으로 향하도록 인도하셨습니다.

이 모든 여정에 하나님의 언약이 있습니다. 우리 인생도 하나님의 언약 안에 있습니다. 하나님은 지금도 그 언약을 성취하고 계십니다.

영어성경에는 'I will~'로 시작하는 하나님의 말씀이 많이 나옵니다. 하나님의 의지를 나타내는 말씀입니다. 하나님은 우리와 언약하실 때 자신의 의지를 분명히 밝히십니다.

나는 너희 중에 행하여 너희의 하나님이 되고 너희는 내 백
성이 될 것이니라 레 26:12

하나님의 언약이라는 관점에서 보면 모세의 이야기와 여호수아의 이야기는 다른 이야기가 아닙니다. 하나님의 언약 이야기에 모세가 있고 여호수아가 있는 것입니다. 우리 인생 역시 하나님의 언약 이야기 안에서 펼쳐지고 있습니다. 그러므로 하나님의 거대한 언약 안에 들어온 하나님의 백성은 어떤 문제나 상황으로 인해 인생이 달라지지 않습니다. 하나님의 스토리가 인간이 겪는 문제와 상황으로 인해 달라지지 않기 때문입니다. 하나님의 언약은 인간에 의해 조정되거나 실패될 수 없습니다.

우리가 알거니와 하나님을 사랑하는 자 곧 그의 뜻대로 부르심을 입은 자들에게는 모든 것이 합력하여 선을 이루느니라 롬 8:28

하나님은 하나님의 언약을 반드시 이루십니다. 하나님은 우리를 향한 하나님의 구원을 반드시 이루십니다. 그러므로 무슨 일이 일어나든 어떤 문제가 닥치든 우리는 망하지 않습니다.

우리가 사방으로 욱여쌈을 당하여도 싸이지 아니하며 답답한 일을 당하여도 낙심하지 아니하며 박해를 받아도 버린 바 되지 아니하며 거꾸러뜨림을 당하여도 망하지 아니하고 우리가 항상 예수의 죽음을 몸에 짊어짐은 예수의 생명이 또한 우리 몸에 나타나게 하려 함이라 고후 4:8-10

사방에서 욱여쌈을 당해도 우리가 망하지 않는 것은 예수의 생명이 우리 안에 있기 때문입니다. 하나님의 언약 한가운데에 예수님이 계십니다. 그러므로 우리는 언제든지 담대할 수 있습니다.

믿는다는 것은 참으로 놀라운 일입니다. 우리는 어쩌다 보니 교회에 나와 예수님을 믿게 된 것이 아닙니다. 엄밀히 말하면, 우리가 예수님을 믿은 것이 아닙니다. 하나님의 열심으로 믿게 된 것입니다. 하나님이 수많은 사건과 문제들 속에서 우리가 항복하게 하셔서 우리가 믿게 된 것입니다.

생각해 보십시오. 고요한 아침의 나라, 은둔의 나라, 이 나라에 복음이 들어와 수많은 사람들이 하나님을 믿게 된 사건이 우연히 일어난 일 같습니까? 이스라엘 백성이 애굽에서 종살이한 세월이 430년입니다. 애굽의 종으로 사는 삶이 영원할 것 같았지만 하나님은 하나님의 때에 그들을 구원해 내셨습니다. 이스라엘의 출애굽이 언약의 성취 가운데 있다면 우리나라에 복음이 들어온 것도 언약의 성취 가운데 있는 것입니다.

하나님의 언약은 반드시 성취된다

이스라엘 백성은 2주면 통과할 수 있는 광야를 40년간 돌고 또 돌며 살았습니다. 왜 40년이나 걸린 겁니까? 애굽의 삶에서 완전히 빠져나오기까지 40년이 걸린 겁니다. 몸은 애굽에서 빠져나왔으나 그들의 정신, 습관, 태도는 여전히 애굽에 머물러 있었습니다. 새 술은 새 부대에 담아야 하는데 여전히 헌 부대에 새 술을 담으려니 한 발짝도 앞으로 나아가지 못한 채 광야를 돌고 또 돌았던 겁니다.

하나님이 이스라엘 백성들에게 주신 언약은 단순히 노예 상태에서 벗어나는 것이 아닌 그보다 훨씬 더 큰 그림이었습니다. 하지만 이스라엘 백성은 하나님의 큰 그림을 보지 못했고, 무엇보다 하나님을 신뢰하지 못했습니다.

하나님의 언약의 큰 그림을 본 사람은 여호수아와 갈렙 두 사람뿐이었습니다. 여호수아와 갈렙은 가나안을 정탐하면서 광야와 비교할 수 없는, 새로운 세계를 보았습니다. 경이로운 세계를 보았습니다. 충격을 받았습니다. 하지만 이스라엘 백성은 가나안을 보지 못한 채 여호수아와 갈렙의 말을 믿지 않았습니다.

믿음은 바라는 것들의 실상이요 보이지 않는 것들의 증거니

히 11:1

믿음은 보지 않고도 보는 것처럼 믿는 것입니다. 눈을 뜨고 있어도 믿음이 없으면 볼 수 없습니다.

곧 광야와 이 레바논에서부터 큰 강 곧 유브라데 강까지 헷
족속의 온 땅과 또 해 지는 쪽 대해까지 너희의 영토가 되
리라 수 1:4

이 말씀은 이스라엘 백성으로선 믿기 힘든 말씀입니
다. 장장 40년이나 광야를 뱅글뱅글 돌던 이스라엘 백
성들입니다. 그런 그들이 상상하기 힘든 땅까지 소유
하게 될 것이라니, 허황된 소리로 들렸을 것입니다.

시골 촌구석에 사는 사람에게 닭 한 마리 잡아 주겠
다고 하면 그런가 보다 합니다. 그런데 단 한 번도 본
적이 없는 고급 외제차를 사 주겠다고 하면 허황된 소
리로 들립니다. 전혀 상상도 안 되거니와 와닿지 않습
니다. 너무 큰 걸 약속하면 믿어지지 않습니다. 이스라
엘 백성에게 하나님의 약속도 그랬을 것입니다.

인간의 지성은 믿음의 세계로 진입할 때 방해 요소
가 됩니다. 지성은 합리성, 보편타당성을 요구하므로
논리적으로 증명하기를 좋아합니다. 그렇지 않으면 거
짓이라고 단정 짓고 싶어 합니다.

그러나 하나님은 인간의 이해와 사고로 다 담을 수 없는 광활하신 분입니다. 인간의 지성으로는 하나님을 믿는 것이 불가능합니다. 믿음은 합리성, 보편타당성을 뛰어넘습니다. 하나님의 언약은 우리의 이성으로 이해할 수도 없거니와 우리의 열심과 실력으로 어떻게 해볼 수 있는 게 아닙니다. 오직 하나님의 열심으로 성취될 수 있습니다.

여호와의 인자와 긍휼이 무궁하시므로 우리가 진멸되지 아니함이니이다 이것들이 아침마다 새로우니 주의 성실하심이 크시도소이다 애 3:22-23

이스라엘의 죄악보다 하나님의 긍휼이 더 큽니다. 우리의 죄가 크지만, 하나님의 사랑이 더 큽니다. 우리는 불성실할 때가 많지만, 하나님의 성실은 크고 큽니다. 우리는 언약을 믿지 못하여 부정하고 도망치려 하지만, 하나님의 사랑은 우리를 놓아 주지 않습니다.

사람이 여호와의 구원을 바라고 잠잠히 기다림이 좋도다

애 3:26

우리는 하나님의 언약 한가운데에 예수 그리스도가 계신 것을 믿습니다. 그러므로 우리는 구약시대 사람들보다 유리합니다. 이미 성취된 언약을 보기 때문입니다. 예수 그리스도는 언약하신 대로 이 세상에 오셨습니다. 예수 그리스도가 이 땅에 오신 것이 언약의 성취입니다. 우리는 이것을 의심해서는 안 됩니다.

이스라엘의 역사를 보면, 실패로 가득합니다. 이스라엘의 불성실은 끝이 없었습니다. 이스라엘 백성은 밥 먹듯이 실패했습니다. 그럼에도 불구하고 하나님은 이스라엘 백성을 구원으로 이끌어 가셨습니다. 이것이 우리에게 위로가 됩니다.

우리가 자격이 있어서 구원받은 게 아닙니다. 공로가 있어서 구원받은 것이 아닙니다. 우리는 하나님의 약속 때문에 구원받았습니다.

우리가 아직 죄인 되었을 때에 그리스도께서 우리를 위하여 죽으심으로 하나님께서 우리에 대한 자기의 사랑을 확증하셨느니라 롬 5:8

앞으로도 우리는 실패할 것입니다. 은혜를 받아도, 넘어지고 또 넘어질 것입니다. 이것은 아담 이후로 반복되는 인간의 역사입니다. 그러나 하나님은 이스라엘 백성을 가나안 땅으로 이끌어 가신 것처럼, 우리를 이끌어 가십니다. 우리가 연약하여 반복해서 실패하고 넘어진다 해도, 하나님은 우리를 다시 일으켜 세우셔서 하나님의 구원을 완성하실 것입니다.

믿음으로 그 땅을 밟으라

본문 말씀은 이미 가나안 땅이 이스라엘 백성의 소유라고 단언하고 있습니다(3절). 소유권이 가나안에서 이스라엘로 이전되었다는 선포입니다. 이때 우리는 무엇을 해야 합니까? 말씀을 의지해 그 땅을 발로 밟아야 합니다. 소유권이 이전되었으므로 소유하면 됩니다. 그 땅을 발로 밟는 것은 하나님이 대신해 주실 수 있는 게 아닙니다. 우리가 해야 할 일입니다. 하나님이 성취하신 일을 우리는 다만 믿음으로 취하면 됩니다. 취할 곳이 어디까지입니까? 발바닥으로 밟는 곳까지입니다. 믿음으로 나아간 곳까지 취합니다.

광야 1세대 이스라엘 백성들은 하나님이 성취하신 것을 다만 취하는 일에 실패했습니다. 이 믿음 없음으로 인해 그들은 여호수아와 갈렙을 제외하고 모두 광야에서 죽음을 맞아야 했습니다. 우리는 1세대 이스라엘 백성들의 실패를 통해 믿음으로 살아가는 사람이 많지 않다는 것을 배우게 됩니다.

말씀을 듣는 사람은 많지만, 믿음으로 살아가는 사람은 많지 않습니다. 듣는 것은 듣는 것이고, 사는 것은 사는 것이라고 생각합니다. 듣는 것과 사는 것을 별개로 생각합니다. 말씀을 듣지만, 한 귀로 듣고 다른 귀로 흘려버립니다. 하나님의 말씀을 말씀 그대로 믿지 않습니다.

믿음의 세계에 들어왔다면 머물러서도 안 되고 멈춰서도 안 됩니다. 믿는 것을 단지 교회에 출석하고 봉사하는 것으로 생각한다면 대단히 착각하는 것입니다. 교회에서 예배를 드리고, 말씀을 듣고, 기도하는 것과 동시에 삶으로도 예배를 드리고, 말씀을 실천하며 하나님과 교제해야 합니다.

"여호와는 나의 목자시니 내게 부족함이 없으리로다"가 아니라 "주머니에 돈이 두둑하니 내가 부족함이 없으리로다"라고 말하고 있습니까? 세상 사람들과 비교해서 다른 점을 찾아낼 수 없다면, 그 사람은 구원은 받았지만 부끄러운 구원을 받은 것입니다.

누구든지 그 공적이 불타면 해를 받으리니 그러나 자신은 구원을 받되 불 가운데서 받은 것 같으리라 고전 3:15

이스라엘 백성의 삶이 이와 같았습니다. 홍해를 건넘으로 구원을 받았으나 구원 이후 풍성함을 누리지 못했습니다. 약속의 땅 가나안에 들어가지 못한 채 광야에서 죽고 말았습니다.

발바닥으로 밟는 것이 중요합니다. 전쟁에서 발바닥으로 밟는 것은 정복을 의미합니다. 말씀을 들었으면 발바닥으로 밟는 믿음의 행위를 해야 합니다. 듣고 나타나는 것이 없다면 그것은 믿음이 아닙니다. 믿음은 동사(動詞)입니다. 예수님을 머리로만 믿어서는 안 됩니다. 믿음은 증명하는 것입니다. 말은 적게 하고 삶을 통해 믿음을 드러내야 합니다.

누가 발바닥으로 밟고 들어갈 수 있습니까? 그 땅에 대한 기대감을 가지고 있는 사람입니다. 믿음은 우리에게 기대감을 갖게 합니다. 우리 안에 믿음이 생기면, 가슴이 뜁니다.

열두 명의 정탐꾼 중 열 명은 가나안 땅을 발로 밟을 수 없다고 말했습니다. 하나님이 이미 성취하신 것을 믿음으로 행하기만 하면 되는데 그들은 믿음이 없으므로 불가능하다고 말했습니다. 그렇더라도 이스라엘 백성에게 믿음이 있었다면 이들의 이야기를 무시했을 것입니다. 나머지 두 명, 갈렙과 여호수아의 말에 귀 기울이고 기대감으로 가슴이 뛰었다면 열 명의 부정적인 이야기는 귀에 들어오지도 않았을 것입니다. 하지만 열 명의 정탐꾼도, 그들의 말에 귀를 기울이는 이스라엘 백성들도 믿음이 없으므로 가나안 땅을 발로 밟지 못했습니다.

믿음의 사람은 하나님의 말씀을 들으면 흥분됩니다. 가슴이 뜁니다. 믿음은 우리의 삶을, 우리의 내면을 자극합니다. 믿음은 우리의 상상력을 극대화시켜서 우리가 한 번도 가 보지 않은 세계로 우리를 인도합니다. 그래서 믿음의 사람은 한계에 갇히지 않습니다.

하나님이 이스라엘 백성에게 약속하신 땅이 엄청납니다(4절). 이 말씀을 듣고 가슴이 뛰기를 바랍니다. 이스라엘 백성처럼 황당하다고 생각하지 말고 기대감으로 가슴이 뛰기를 바랍니다. 말씀을 듣다가, 기도하다가 가슴이 뛰어야 합니다. 말씀에 의지해 발로 밟기를 소망해야 합니다. 환경이나 상황이 문제되지 않습니다. 나이도 문제되지 않습니다. 믿음이 주어지고, 말씀이 주어지면, 가슴이 뛰어서 뒤로 물러설 수 없습니다.

사람들은 두 가지를 후회합니다. 무언가를 하고 나서 '괜히 했어' 하고 후회하고, 무언가를 하지 않고 나서 '그때 그것을 시도했어야 하는데' 하고 후회합니다. 해도 후회하고 하지 않아도 후회하는 것입니다. 그런데 많은 경우 하지 않아서 후회합니다. 당시에는 하지 않은 이유가 만 가지는 되었습니다. 하나님의 소리가 아니라 자기 내면의 소리에 귀 기울이면 하지 않아야 할 이유가 수만 가지는 됩니다. 그러나 하나님의 소리에 귀 기울이는 사람은 하지 않아야 할 이유가 아니라 해야 할 이유를 찾습니다.

믿음은 세상을 바라보는 눈을 교정시킵니다. 적극적으로 살게 합니다. 도전적으로 살게 합니다. 부정적이기보다 긍정적으로 살게 합니다.

저는 굉장히 소극적이고 소심한 사람이었습니다. 그런데 믿음의 삶을 살면서 결단력이 생겼습니다. 결단은 제가 하는 게 아닙니다. 믿음이 결단하게 합니다. 전도사 시절에 교회를 옮길 때 하나님의 말씀을 따라 행동했습니다. 지금 생각하면 정말 어려운 결단이었는데,

믿음을 따라 용기를 낼 수 있었습니다. 믿음의 사람은 삶이 선명합니다. 삶에서 추상적이고 모호한 것을 제거하기 때문입니다.

가나안의 정복자로 살라

새는 날아다녀야 합니다. 자유롭게 살아야 합니다. 광활한 세계를 날아다니며 먹을 것을 찾아 먹어야 합니다. 그런 새가 새장에 오래 갇혀 있으면, 새장 문이 열려도 날아가지 않습니다. 주인이 던져 주는 모이에 익숙해졌기 때문입니다.

이스라엘 백성은 430년간 애굽에 살면서 노예근성이 뼛속까지 박히게 되었습니다. 그랬기에 광야에서 하나님이 주시는 만나와 메추라기로 삶을 영위하는 데 만족했습니다. 젖과 꿀이 흐르는 가나안 땅을 소망하지 않았습니다.

믿는 사람에게는 세 가지 적이 있습니다. 육신, 세상, 마귀가 그것입니다. 그중에서 가장 어려운 적이 육신입니다. 죄성과 이기심이 가득한 육신이 가장 무너뜨리기 어려운 적입니다.

이는 세상에 있는 모든 것이 육신의 정욕과 안목의 정욕과 이생의 자랑이니 다 아버지께로부터 온 것이 아니요 세상으로부터 온 것이라 요일 2:16

우리가 쫓아내야 하는 적은 멀리 있지 않습니다. 우리 안에 있습니다. 가나안 땅에서의 삶은 노예가 아니라 하나님의 백성으로 사는 것입니다. 육신의 정욕으로 사는 게 아니라 하나님의 언약을 성취하는 백성으로 사는 것입니다.

하나님의 백성다운 삶은 무엇입니까? 거룩한 삶입니다.

하늘에 계신 너희 아버지의 온전하심과 같이 너희도 온전하라 마 5:48

하나님의 백성답게 살려면 우리 안에 있는 가나안의 원주민을 몰아내야 합니다. 가나안의 원주민은 무엇입니까? 죄로 길들여진 옛사람입니다. 우리를 괴롭히고 불안하게 만드는 적은 바깥에 있지 않고 우리 안에 있습니다. 우리 안에 있는 옛사람의 모습을 지워 가는 것이 가나안을 정복하는 길입니다.

이스라엘 백성은 가나안을 정복한 후에도 실패했습니다. 내면에 있는 육체의 욕망을 제거하지 못했기 때문에 거룩해지기는커녕 가나안화되고 말았습니다. 옛사람을 죽이지 않으면 자유인이 될 수 없습니다. 가나안을 정복하기는커녕 정복당하고 맙니다.

> 우리가 환난 중에도 즐거워하나니 이는 환난은 인내를, 인내는 연단을, 연단은 소망을 이루는 줄 앎이로다 롬 5:3-4

환경은 나를 불행하게 하지 못합니다. 그래서 사도 바울은 환난 중에도 즐거워한다고 고백했습니다. 복음 안에서 자유하는 인생의 모습입니다.

우리는 흔히 사람과 환경이 나를 불행하게 한다고 말합니다. 그러나 그렇지 않습니다. 나를 괴롭히는 사람 때문에 힘든 것이 아닙니다. 그 사람을 사랑할 수 없는 연약한 나 자신이 나를 불행하게 하고 힘들게 하는 것입니다.

상황이 어려워서 불평하고 원망하는 것이 아닙니다. 상황을 이겨 낼 만한 믿음이 없어서 원망하고 불평하는 것입니다. 자기 안에 있는 원주민을 쫓아내지 못한 사람은 조금만 힘들어도 불평하고 원망합니다.

믿음의 사람은 어려움이 있어도 담대하게 어려움을 헤쳐 나갑니다. 육체의 속성을 발로 밟고 이겨 냅니다. 진정한 정복자가 되는 것입니다.

가나안의 부요함은 어떤 것입니까? 물질로 가득 채워진 상태가 아닙니다. 가나안의 부요는 육신의 정욕을 충족시키는 것과 거리가 멉니다.

우리는 속이는 자 같으나 참되고 무명한 자 같으나 유명한 자요 죽은 자 같으나 보라 우리가 살아 있고 징계를 받는 자

발바닥으로 밟는 곳

63

같으나 죽임을 당하지 아니하고 근심하는 자 같으나 항상 기뻐하고 가난한 자 같으나 많은 사람을 부요하게 하고 아무것도 없는 자 같으나 모든 것을 가진 자로다 고후 6:8-10 내가 궁핍하므로 말하는 것이 아니니라 어떠한 형편에든지 나는 자족하기를 배웠노니 나는 비천에 처할 줄도 알고 풍부에 처할 줄도 알아 모든 일 곧 배부름과 배고픔과 풍부와 궁핍에도 처할 줄 아는 일체의 비결을 배웠노라 빌 4:11-12

가나안의 부요는 이런 것입니다. 가나안에서 육신의 정욕을 해결하지 않았다면 그것은 진정한 정복이 아닙니다. 인생의 고통은 옛사람 안에 있는 정욕에서 비롯됩니다. 우리 안에 있는 정욕이 불평하고 원망하게 만들고 불안하게 만듭니다.

그런데 가나안 땅은 이스라엘 백성의 것이 아니라 하나님의 것입니다. 이스라엘 백성은 하나님이 맡기신 땅을 경작하고 보호하고 잘 다스리는 의무와 책임을 진 사람들입니다. 하지만 가나안 땅에 들어간 이스라엘 백성은 하나님이 맡기신 땅을 책임지는 자가 아니라 섬기는 자가 되었습니다. 하나님을 섬기는 대신 하나님이 주신 것을 우상으로 섬겼습니다. 무엇 때문입니까? 우리 안의 정욕 때문입니다.

세상 사람은 경험할 수 없는 평안을 누리고 있습니까? 그렇다면 정복에 성공한 인생을 살고 있는 것입니다. 평안은 하나님 한 분만을 따르며 그 말씀에 순종할 때 누리는 복입니다.

만족하며 살아갑니까? 여전히 물질을 소유하는 것이 만족이라 생각합니까? 육신의 정욕은 만족을 모릅니다. 세상의 어떤 것으로도 만족시킬 수 없습니다. 만족은 오직 예수 그리스도 안에서만 경험할 수 있습니다.

자유하고 싶습니까? 내 안에 하나님의 진리가 채워지고, 내 안의 헛된 욕망이 제거될 때 자유하게 됩니다. 가나안의 부요는 육체의 욕심을 따르는 삶의 비중이 점차 줄어들고 그 대신 하나님의 말씀을 따르는 삶의 비중이 점차 늘어나는 것입니다. 그렇게 살 때 가나안의 부요함이 우리 삶에서 이루어집니다.

그런데 그것은 그냥 되지 않습니다. 전쟁을 치러야

합니다. 가나안의 원주민은 그냥 물러나지 않습니다. 치열한 싸움으로 물리쳐야 합니다. 치열한 싸움의 원리는 하나님을 전적으로 의지하는 믿음입니다. 싸움은 하나님께 속한 것이므로 그저 하나님을 신뢰하면 반드시 승리합니다. 가나안 땅은 소유하는 것이 아니라 정복하는 것입니다. 그러므로 땅이 중요한 게 아니라 그 땅에서 하나님의 백성답게 살아가는 것이 중요합니다.

하나님의 백성다운 것은 무엇입니까? 하나님의 백성은 매력적입니다. 향기가 있습니다. 기품이 있습니다. 돈이 없어도 주변 사람들로부터 멋있다는 말을 듣습니다. 매사에 감사하며 얼굴이 밝습니다. 손해를 봐도 여유만만합니다. 범사에 그리스도에게까지 자라는 데 힘씁니다. 이런 사람은 세상이 함부로 하지 못합니다. 그의 영적 권위를 세상조차 인정하게 됩니다.

그러나 현실은 어떻습니까? 예수 믿는 사람이 세상 욕심을 더 낸다는 말을 듣습니다. 세상이 좋아하는 것을 똑같이 좋아하고 세상이 열심을 내는 것에 똑같이 열심을 낸다고 고개를 젓습니다. 가나안을 정복하기는

커녕 정복당하여 살고 있는 것입니다.

정복당한 인생이 매력적일 수 없습니다. 하나님의 향기가 날 리 만무합니다. 그런 사람이 전하는 복음은 전혀 듣고 싶지 않습니다.

나는 너희에게 이르노니 악한 자를 대적하지 말라 누구든지 네 오른편 뺨을 치거든 왼편도 돌려 대며 또 너를 고발하여 속옷을 가지고자 하는 자에게 겉옷까지도 가지게 하며 또 누구든지 너로 억지로 오 리를 가게 하거든 그 사람과 십리를 동행하고 네게 구하는 자에게 주며 네게 꾸고자 하는 자에게 거절하지 말라 또 네 이웃을 사랑하고 네 원수를 미워하라 하였다는 것을 너희가 들었으나 나는 너희에게 이르노니 너희 원수를 사랑하며 너희를 박해하는 자를 위하여 기도하라 마 5:39-44

예수님의 말씀처럼 우리는 누구보다 부드러워야 합니다. 여유 있어야 합니다. 관대해야 합니다. 손해를 보더라도 그냥 줄 수 있어야 합니다. 세상 사람들은 결코 이렇게 살 수 없지만 우리는 살 수 있습니다. 왜 그렇습니까? 하나님의 열심으로 우리가 그렇게 살도록 하실 것이기 때문입니다. 이 세상에서는 고통당하고 손해를 보더라도, 하나님 나라에서는 손해 보지 않도록 하나님이 도와주실 것입니다. 우리가 할 일은 순종밖에 없습니다. 위의 것을 따라 순종하면, 하나님이 도와주십니다.

우리는 이미 하늘을 소유한 사람입니다. 영원을 소유한 사람입니다. 이미 과거가 되어 버린 옛사람을 버리고 그리스도의 통치를 온전히 받는 새사람입니다. 새사람은 육신의 정욕과 끊임없이 싸우는 사람이며 가나안을 정복한 인생을 사는 사람입니다. 세상 사람들은 그런 우리를 보고 예수 믿는 사람이라고 인정해 줍니다.

예수를 믿은 세월만큼 영적 실력이 있습니까? 교회에 오래 다녔다고 삶이 변하는 것은 아닙니다. 교회에 오래 다녔지만, 삶에서 하나님의 백성다운 모습을 볼 수 없다면, 부끄러워해야 합니다. 세상의 허접한 것들 때문에 하나님의 축복을 놓치는 일이 없어야 합니다. 우리 주변에 세상보다 못하게 사는 사람이 있다면 분노해야 합니다. 예수님도 거룩한 분노를 하셨습니다.

하나님이 우리를 여기까지 이끌어 오셨습니다. 하나님은 우리를 하나님의 수준까지 이끌어 가기 원하십니다. 언젠가는 우리를 완전한 구원에 이르게 하실 것입니다. 하나님의 끝없는 열심, 언약을 성취해 가시는 하나님의 손길을 기대하며 육신의 소욕들을 그리스도의 십자가 안에서 끊임없이 죽여 하나님의 백성다운 모습을 드러내야 합니다.

Q.

Q. 하나님과의 언약은 사람의 계약과 어떠한 부분이 다르다고 생각
   하는가?

Q. 하나님이 자신의 의지로 말씀하신 언약(I will)은 철저하게 성취된
   다. 당신에게 하나님이 의지를 가지고 약속하신 '당신과 하나님과
   의 언약은 무엇이라고 생각하는가?

<<<< 담대함을 위한 두 번째 여정

Q. 왜 하나님은 아직 소유하지 못한 가나안 땅을 이미 소유한 것처럼 말씀하시는가? 이것이 당신에게 어떠한 의미로 다가오는가?

Q. 이스라엘 백성들은 가나안 땅의 우상을 섬기는 자가 된 이유는 무엇인가? 나는 내가 서 있는 곳에서 어떠한 사람인가?

임재경험

대적할 자 없으리니

5 네 평생에 너를 능히 대적할 자가 없으리니 내가 모세와 함께 있었던 것같이 너와 함께 있을 것임이니라 내가 너를 떠나지 아니하며 버리지 아니하리니

강하고 담대하라 너는 내가 그들의 조상에게 맹세하여 그들에게 주리라 한 땅을 이 백성에게 차지하게 하리라

우리가 담대할 수 있는 이유

모세가 죽은 후, 하나님은 여호수아를 부르시고 이스라엘 백성들을 이끌고 가나안 땅을 정복하라고 명령하셨습니다. 이때 여호수아의 마음이 어떠했을지 상상해 봅시다.

가나안이 어떤 땅입니까? 가나안은 견고한 성을 지을 만큼 도시 문명이 발달한 곳입니다. 그 땅의 군사들은 정규군입니다. 전쟁 경험도 많습니다. 그에 비하면 이스라엘 백성은 오합지졸에 불과합니다.

열두 명의 정탐꾼을 가나안 땅에 보냈을 때, 열 명의 정탐꾼은 그 땅을 보고 와서 기절해 버렸습니다. 그들은 "우리가 두루 다니며 정탐한 땅은 그 거주민을 삼키는 땅이요 거기서 본 모든 백성은 신장이 장대한 자들이며 거기서 네피림 후손인 아낙 자손의 거인들을 보았나니 우리는 스스로 보기에도 메뚜기 같으니 그들이 보기에도 그와 같았을 것이니라"(민 13:32-33)고 보고했습니다. 오늘날로 말하면, "상대방은 탱크와 미사일을 가지고 있는데, 우리는 곡괭이를 들고 있는 것과 같다"

고 말한 것입니다.

더구나 여호수아가 정복해야 할 땅은 어마어마하게 컸습니다. "광야와 이 레바논에서부터 큰 강 곧 유브라데 강까지 헷 족속의 온 땅과 또 해 지는 쪽 대해까지"(수 1:4)입니다. 이스라엘 백성은 애굽의 노예로 사는 동안 자기 것이라 주장할 수 있는 땅 한 평을 가져 본 적이 없습니다. 그런 그들에게 하나님은 상상도 할 수 없을 만큼 큰 땅을 주겠다고 하신 것입니다.

여호수아는 오랜 세월 모세의 수종자로 살았습니다. 모세가 명령하면 군말 없이 수행하던 사람이었습니다. 그런데 모세를 대신해 이스라엘 백성을 이끄는 책임을 맡게 되었으니 그 부담감이 얼마나 컸겠습니까. 하나님이 맡기신 사명은 여호수아로선 정말 무거운 것이었습니다.

뒤에서 가만히 따라가는 것은 어렵지 않습니다. 모든 결정과 책임은 리더에게 있습니다. 그만큼 리더의 무게가 무겁습니다. 모세의 뒤를 가만히 따르던 여호수아가 리더로 세워졌습니다. 눈앞이 캄캄하고 두려움이 엄습하는 무서운 일입니다.

하나님은 여호수아의 마음을 잘 알았습니다. 충분히 이해했습니다. 그래서 내가 곁에 있으니 담대하라고 용기를 주셨습니다. 가나안 군대가 아무리 견고하고 크다 해도 여호수아와 상대가 되지 않는다고 말씀하십니다. 여호수아가 압도적으로 우세하다고 말씀하십니다. 여호수아가 이 말씀을 듣고 담대해졌을까요? 저라면 믿기 힘들었을 것입니다.

하지만 가나안 전쟁을 정확하게 이해하면 하나님의 말씀이 무슨 의미인지 알 수 있습니다.

첫째, 가나안 전쟁은 하나님과 가나안의 싸움입니다. 가나안과 이스라엘의 전쟁처럼 보이지만, 이 전쟁은 하나님이 진두지휘하실 뿐 아니라 직접 싸우시는 전쟁입니다. 이스라엘 백성은 싸우는 시늉만 할 뿐입니다. 하나님은 전쟁에 능하십니다. 가나안과 이스라엘의 싸움이라면, 이스라엘은 승산이 없습니다. 이스라엘은 가나안에게 상대가 되지 않는 오합지졸이기 때문입니다.

둘째, 승패는 이미 결정 나 있습니다. 가나안 주민들은 이스라엘의 전설적인 이야기를 듣고 이미 간담이 녹았습니다. 이스라엘의 진군 소리만 듣고도 두려워 떨었습니다. 하나님이 그들 안에 두려움을 심어 놓으셨기 때문입니다. 이스라엘이 치르는 전쟁은 전력이나 군사력의 문제가 아닙니다. 그러므로 두려워할 이유가 없습니다.

하나님은 "네 평생에 너를 능히 대적할 자가 없으리니"(5절)라고 말씀하시면서 여호수아에게 힘을 불어넣어 주셨습니다. 불안하여 쪼그라든 여호수아에게 하나님은 "너와 대결할 자가 없어. 네 앞에서 눈을 부릅뜨고 서 있을 만큼 간 큰 자가 없어. 네가 가면 사람들은 오금이 저려서 도망갈 거야"라고 힘을 주셨습니다.

그러면서 하나님은 "내가 모세와 함께 있었던 것같이 너와 함께 있을 것임이니라 내가 너를 떠나지 아니하며 버리지 아니하리라"고 말씀하십니다. 모세는 불에 타지 않는 떨기나무 사이에서 하나님의 부르심을 받았습니다(출 3장). 당시 모세는 광야에서 양 떼를 치는 목자로 살고 있었습니다. 애굽의 왕궁에서 도망친 뒤 40년 동안 광야의 유목민으로 사느라 어느덧 80세 노인이 되었습니다. 그런 모세가 하나님의 부르심을 받았으니 얼마나 황당했겠습니까. 모세는 당치도 않는 일이라고 하나님의 부르심을 거부했습니다. 그때 하나님은 모세에게 이렇게 말씀하셨습니다.

> 내가 반드시 너와 함께 있으리라 네가 그 백성을 애굽에서 인도하여 낸 후에 너희가 이 산에서 하나님을 섬기리니 이것이 내가 너를 보낸 증거니라 출 3:12

하나님은 참 섬세하십니다. 사람의 마음을 정확하게 이해하십니다. 하나님의 부르심을 받고 쪼그라든 모세에게 하나님은 "내가 반드시 너와 함께 있으리라"고 말씀하시며 용기를 불어넣으셨습니다. 그리고 실제로 하나님께서 모세의 모든 걸음마다 함께하셨습니다. 그의 그늘이 되어 주시고 방패가 되어 주시고 피하는 요새가 되어 주셨습니다.

그랬기에 "내가 모세와 함께 있었던 것같이 너와 함께 있을 것임이니라"는 하나님의 말씀은 여호수아에게 위로가 되었을 것입니다. 하나님은 오늘 우리에게도 찾아오셔서 "내가 너와 함께하리라. 내가 너를 떠나지 아니하리라. 버리지 아니하리라"고 말씀하십니다. 이 말씀이 우리에게도 참으로 안심이 됩니다.

모세는 하나님이 함께하시겠다는 약속 하나만 믿고 당대의 최고 권력자 바로 앞에 설 수 있었습니다. 그러므로 누구와 싸우느냐는 중요하지 않습니다. 누구와 함께하느냐가 중요합니다. 상대가 얼마나 큰가는 중요하지 않습니다. 내가 얼마나 갖추고 있느냐도 중요하지 않습니다. 하나님이 어느 쪽에 계신가가 중요합니다.

본질을 붙들면 심플하다

엘라 골짜기에서 이스라엘과 블레셋이 맞서 있습니다. 블레셋의 골리앗이 위협하고 조롱하는데도 이스라엘 진영에서는 날마다 회의만 했습니다. 아무도 앞에 나아가려 하지 않았습니다. 하지만 다윗은 골리앗의 조롱을 듣자마자 앞으로 달려갔습니다. 복잡하게 생각하지 않았습니다. 다윗은 골리앗을 향해 달려가면서 물맷돌의 크기, 막대기의 길이, 골리앗이 입은 갑옷의 강도를 생각하지 않았습니다.

성경에 언급된 싸움은 영적으로 의미가 있습니다. 그냥 싸운 것이 아닙니다. 이스라엘이 아말렉과 싸울 때도 마찬가지입니다. 모세가 손을 들고 기도하는 것에 따라 승패가 결정되었습니다. 하나님은 모세의 손을 통해 전쟁은 하나님이 하시는 것이라는 사실을 알려 주셨습니다. 하나님의 편이 이긴다는 것을 알려 주셨습니다. 얼마나 명확합니까.

우리는 상황을 분석하고 비교하고 검토하는 데 많은 시간을 보냅니다. 그렇게 해서는 답이 나오지 않습니다. 우리가 우리의 힘과 실력을 증명하려고 할 때 실패합니다. 내 힘과 재주로는 안 되는 일이 얼마나 많은지 모릅니다. 연륜이 깊어질수록 이 사실을 절실하게 깨닫습니다. 그래서 나이가 들면 큰소리치지 못합니다. 저절로 겸손해집니다.

신앙생활을 잘하는 사람은 생각이 복잡하지 않습니다. 무지해서가 아닙니다. 본질을 붙들고 있기 때문입니다. 본질을 붙든 사람은 심플합니다. 사람들은 본질이 아닌 것을 본질로 오해합니다. 어디를 가든지 핵심을 파악하는 것이 중요합니다. 본질을 붙들어야 합니다. 주제를 정확하게 파악해야 합니다.

다윗이 골리앗을 향해 달려가려고 했을 때, 사울은 다윗에게 자신의 갑옷을 입히고 자신의 무기를 들게 했습니다. 사울은 싸우러 나가기 위해 갖춰야 할 것이 많았지만, 다윗은 그 모든 것을 거추장스럽게 여겼습니다. 사울은 전력을 분석하고 전략을 짜느라 복잡했지만 다윗은 단순했습니다. 이스라엘과 블레셋의 싸움은 전력의 문제가 아니었기 때문입니다.

이스라엘 군대가 그토록 무서워하는 골리앗이 다윗의 눈에는 별것 아니었습니다. 한심한 허풍쟁이일 뿐이었습니다. 이 차이는 어디에서 오는 것입니까? 다윗은 바라보고 있는 것이 달랐기 때문입니다.

> 너는 칼과 창과 단창으로 내게 나아오거니와 나는 만군의
> 여호와의 이름 곧 네가 모욕하는 이스라엘 군대의 하나님
> 의 이름으로 네게 나아가노라 삼상 17:45

골리앗과 이스라엘 군대는 화려한 무기를 믿었지만, 다윗은 하나님을 믿었습니다. '본질 파악하기'란 이런 것입니다. 오늘날로 말하면, "너는 돈 많냐, 나는 돈 없다. 그러나 나에게는 하나님이 계신다" "당신의 아버지는 건물주냐, 우리 아버지는 조물주다"라고 하는 것과 같습니다.

이런 호기(豪氣)가 우리에게 있어야 합니다. 이것은 골리앗이 부리던 허세와 다른 것입니다. 믿음으로 고백되는 호기입니다.

엘라 골짜기에 도착한 다윗은 어렸지만 이 싸움은 무기로 싸우는 것이 아님을 금방 알아챘습니다. 이것이 영적 직감력입니다. 다윗이 자신의 힘으로 싸우려

고 했다면, 갑옷을 입어야 합니다. 무기를 들어야 합니다. 그러나 그 싸움은 다윗이 싸우는 것이 아니었습니다. 하나님이 싸우실 싸움이었습니다.

다윗이 한 일은 하나님의 편에 선 것밖에 없었습니다. 우리가 하나님의 편에 확실하게 설 때, 무슨 일이 일어납니까? 하나님이 신경 쓰십니다. 하나님의 편에 서서 싸우겠다는데, 하나님이 가만히 계실 리 없습니다. 다윗이 지면 다윗이 아닌 하나님이 지는 것입니다. 하나님의 편에 선 다윗을 위해 하나님은 다윗의 편에 서십니다. 그러면 게임은 끝납니다.

하나님의 역사가 일어난 현장에 가 보면 심플합니다. 본질에 집중합니다. 수많은 문제가 있다 해도, 하나님이 함께하시면 아무것도 아닙니다. 그래서 다윗은 막대기 하나만으로도 충분했습니다. 모세도 애굽의 절대군주 바로에게 나아갈 때 양을 치던 지팡이 하나만 들고 갔습니다. 하나님이 함께하시면 복잡할 필요가 없습니다.

하나님의 역사를 경험하고 하나님을 경험한 사람은

명쾌합니다. 선명합니다. 복잡하지 않습니다. 하나님이 함께하시기 때문입니다.

다니엘은 바벨론의 포로로 붙잡혀 갔지만, 특채로 왕실에 들어갔습니다. 그런데 포로로 붙잡혀 온 이민족이 왕의 신임을 받아 출세하는 것을 보고 주변 사람들이 가만히 있지 않았습니다. 다니엘을 죽이려고 눈에 불을 켰습니다. 하지만 다니엘은 전혀 주눅 들지 않았습니다. 비결이 무엇입니까? 하나님이 함께하셨기 때문입니다.

다니엘은 사방이 그를 죽이려고 호시탐탐 노리는데도 아랑곳없이 하루 세 번 예루살렘을 향한 창문을 열고 기도했습니다. 이로 인해 다니엘은 사자 굴에 던져졌습니다. 그러나 하나님은 사자 굴 안에서도 다니엘과 함께하셨고 사자의 입을 봉하여 다니엘을 구하셨습니다.

다니엘의 세 친구는 풀무불 가운데 던져졌지만, 하나님이 그들과 함께하셔서 불이 그들의 몸을 해하지 못했습니다. 머리털도 그을리지 않았습니다. 겉옷 빛도 변하지 않았습니다. 불탄 냄새도 없었습니다.

우리는 하나님의 함께하심을 믿고 나아가야 합니다. 전술, 전략, 무기는 중요하지 않습니다. 중요한 것은 하나님이 어느 편에 계시느냐입니다. 여기에 모든 것이 달려 있습니다. 천만인을 동원한다 해도 하나님이 함께하시지 않으면 아무 소용이 없습니다. 그러나 천만인이 떠난다 해도 하나님이 함께하시면 승리합니다.

교회도 마찬가지입니다. 교회에 아무것도 없어도 됩니다. 예배드릴 때 악기 하나 없어도 됩니다. 의자 없이 바닥에 앉아 예배드려도 됩니다. 사람이 얼마나 모였는가는 중요하지 않습니다. 교회의 위치도 중요하지 않습니다. 하나님이 함께하시면 그것으로 충분합니다. 하나님이 우리 편이 되시면 그것으로 충분합니다. 하나님은 가끔 이기시는 분이 아니라 항상 이기시는 분이기 때문입니다.

돈을 사랑하지 말고 있는 바를 족한 줄로 알라 그가 친히
말씀하시기를 내가 결코 너희를 버리지 아니하고 너희를
떠나지 아니하리라 하셨느니라 히 13:5

하나님의 임재를 경험하지 못하는 사람은 돈을 따라
가기 마련입니다. 돈으로 하나님의 자리를 대신하려고
합니다. 그러나 이 세상의 어떤 것도 하나님의 자리를
대신할 수 없습니다.

어떤 힘이든 세상의 힘은 상대적인 것입니다. 모든
것을 갖추었다 해도, 더 큰 것이 나타납니다. 아무리 똑
똑하다고 해도 더 똑똑한 사람이 나타납니다. 아무리
높아져도 더 높은 사람이 나타납니다. 조건은 중요하
지 않습니다. 하나님과의 관계가 중요합니다.

내가 주의 영을 떠나 어디로 가며 주의 앞에서 어디로 피하
리이까 내가 하늘에 올라갈지라도 거기 계시며 스올에 내

자리를 펼지라도 거기 계시니이다 내가 새벽 날개를 치며 바다 끝에 가서 거주할지라도 거기서도 주의 손이 나를 인도하시며 주의 오른손이 나를 붙드시리이다 시 139:7-10

하나님은 어디에든 계십니다. 우리는 하나님의 임재를 피할 수 없습니다. 요나는 니느웨로 가라는 하나님의 명령을 피해 다시스로 가는 배를 탔습니다. 그러고는 배 밑창까지 숨어 들어가 깊이 잠들었습니다. 하지만 하나님은 거기까지 찾아가셔서 요나를 깨우고 하나님의 면전에 서게 하셨습니다. 배를 타든 비행기를 타든 하나님을 피할 수는 없습니다.

하나님은 성경 곳곳에서 우리와 함께하시겠다고 누누이 말씀하십니다. 심지어 아들의 이름을 '임마누엘'이라 하셨습니다. 하나님이 얼마나 우리와 함께하기 원하시는지를 알 수 있습니다. '임마누엘'이 무슨 뜻입니까? '하나님이 함께하신다'라는 뜻입니다. 이 약속을 이루기 위해 하나님은 하늘의 영광을 버리고 이 세상에 오셨습니다. 하늘의 위용과 영광을 다 버리고 낮고

천한 이 세상에 오셔서 동정녀 마리아의 몸에 잉태되셨습니다. 온갖 위험과 수치와 고통을 감내하며 우리 곁에 찾아오셨습니다. 하나님은 우리와 함께하시기 위해 어마어마한 대가를 지불하셨습니다.

하나님은 우리의 죄악, 우리의 약점, 우리의 허물을 끌어안으셨습니다. 하나님을 떠나 도망치고 배역하고 반역한 우리에게 하나님이 다가오셔서 우리를 구원의 자리로 이끄셨습니다. '임마누엘'이라는 이름 안에는 하나님의 무서운 집념이 있습니다. 어떤 대가를 지불해서든 우리를 건져 내기 원하시는 하나님의 열심이 있습니다. '임마누엘'은 우리가 쉽게 부를 수 있는 이름이 아닙니다. 그러므로 임마누엘이라는 이름을 들으면, 우리의 가슴이 떨려야 합니다. 사랑받을 만한 것이 아무것도 없음에도 우리를 구원의 길로 이끄시기 위해 자신의 모든 것을 포기하고 우리에게 다가오신 하나님의 사랑을 느껴야 합니다.

'하나님이 우리와 함께하신다'는 것은 신약에서 더욱 강력해집니다. 구약에서는 하나님이 함께하신다는 것을 성전 중심으로 이해했습니다. 구약에서 하나님은 성전에서 함께하시고, 이스라엘 백성은 성전을 통해 하나님의 임재를 간접적으로 느꼈습니다. 성전 중심의 개념으로 하나님을 경험하는 것은 쉽지 않습니다. 특별한 시간, 특별한 공간, 특별한 사람만 하나님을 만날 수 있기 때문입니다. 구약의 하나님은 쉽게 다가갈 수 없는 거룩하신 분이었습니다.

반면에 신약에서는 그리스도가 이 땅에 오심으로 하나님이 함께하시는 것을 구체적으로 경험할 수 있게 되었습니다.

> 말씀이 육신이 되어 우리 가운데 거하시매 우리가 그의 영광을 보니 아버지의 독생자의 영광이요 은혜와 진리가 충만하더라 요 1:14

이 말씀은 임마누엘의 절정이라 할 수 있습니다. 여기서 '거한다'는 말은 텐트, 장막을 짓는 것을 의미합니다. 하나님이 우리의 내면에 찾아오셔서 우리 안에 텐트를 치시고 우리 안에 거주하십니다. 하나님은 우리에게 깊이 다가오셔서 우리의 삶에 관여하십니다.

하나님이 어디에 거하십니까? 하나님은 고통하고 절망하고 방황하고 아파하고 외로워하고 고민하는 우리의 마음 안에 들어오셔서 텐트를 치시고 친히 우리 안에 계십니다. 하나님은 우리의 눈물, 한숨, 탄식, 절망의 한가운데로 찾아오셔서 우리와 함께하십니다. 우리와 함께 호흡하시고 우리와 대화하십니다.

우리 안에 거하시는 하나님은 추상적인 하나님이 아닙니다. 분석의 대상이 아니요, 경험의 대상입니다. 하나님은 멀리 동떨어져 있는 개념이 아닙니다. 철학이 아닙니다. 하나님을 이성적으로는 이해할 수 없습니다. 하나님은 내 안에 임재하시는 하나님이십니다. 여기서 우리의 신앙이 결정됩니다.

제가 부교역자였을 때의 일입니다. 예수님을 믿은
지 얼마 안 된 분이 심방을 요청해서 집을 찾아갔습니
다. 스스로는 자기 집의 부적을 떼지 못하겠으니 저더
러 대신 떼달라기에 부적을 찾았는데 놀랍게도 하나만
있는 게 아니었습니다. 서랍마다 부적이 붙여져 있는
겁니다. 그렇게 붙어 있던 부적을 다 떼고 나니 이번엔
신줏단지를 버려 달라고 했습니다. 그때 처음으로 신
줏단지를 보았습니다.

온 집에 부적을 붙이고 신줏단지를 모시고 있는 이
유가 무엇입니까? 인간은 존재론적으로 불안한 존재입
니다. 그렇기 때문에 종잇조각 하나에 삶을 의지하는
겁니다. 그 삶에 하나님이 없는 사람은 불안과 두려움,
염려와 근심에 사로잡힐 수밖에 없습니다.

하지만 우리는 고아가 아닙니다. 혼자가 아닙니다.
하나님이 우리의 아버지 되시며 친구가 되어 주십니
다. 하나님은 성전에 머물러 계시는 분이 아닙니다. 우
리의 시간과 공간 안으로 찾아오셔서 우리와 함께하

시는 분입니다. 우리가 하나님을 의심할 때도, 죄를 지어 하나님을 피할 때도 하나님은 우리를 떠나시지 않습니다.

> 내가 너와 함께 있어 네가 어디로 가든지 너를 지키며 너를
> 이끌어 이 땅으로 돌아오게 할지라 내가 네게 허락한 것을
> 다 이루기까지 너를 떠나지 아니하리라 창 28:15

아버지와 형을 속인 죄로 도망 나온 야곱에게 하나님은 너를 떠나지 않고 지키겠다고 약속하십니다. 우리가 하나님을 느끼지 못하는 순간에도 하나님은 우리 가운데 임재하십니다. 기도해도 응답이 없다고 속상해할 때도 하나님은 우리 가운데 계십니다. 우리는 하나님의 기적을 경험하고 싶어 하지만, 가장 큰 기적은 하나님이 언제나 우리와 함께하신다는 사실입니다. 그보다 더 큰 기적은 없습니다.

신앙의 여정에서 하나님과 함께 걸어가는 법을 익히는 것이 중요합니다. 공동체 안에서 교우들과 건강하

게 교제하는 것도 중요하지만, 하나님의 임재 안에서 하나님과 동행하는 법을 배우는 것이 더 중요합니다. 신앙생활에서 이것이 없으면 위험합니다.

공동체는 완전하지 않습니다. 신앙이 아무리 좋은 사람이라도 완전하지 않습니다. 목회자도 완전하지 않습니다. 공동체가 늘 좋을 수는 없습니다. 그럼에도 불구하고 하나님의 임재 안에서 하나님과 동행하는 법을 배운 사람은 공동체에 어려움이 있다 해도 이겨 냅니다. 하나님의 마음으로 공동체를 바라보고, 공동체를 위해 기도합니다. 낙심하지 않습니다. 공급의 원천은 하나님이기 때문입니다.

일상에서 하나님의 임재를 누립니까? 일상에서 하나님을 경험하는 것이 중요합니다. 이것이 신앙의 핵심입니다.

그런데 하나님의 임재를 누린다는 건 무슨 뜻입니까? 어떤 사건이 터졌을 때 하나님을 찾고 해결받는 것이 하나님의 임재를 누리는 것입니까? 아닙니다. 무당도 굿을 통해 문제를 해결받으려 합니다. 문제가 터질

때만 "오시옵소서" "임하시옵소서" 한다면, 종교 생활을 하고 있는 겁니다. 그들에게 하나님이 하실 수 있는 대답은 한 가지입니다. "나는 늘 너와 함께 있었다. 네가 나를 무시했을 뿐이다."

하나님의 임재는 단회적 경험이 아닙니다. 하나님은 멀리 계시다가 우리가 호출하면 나타나는 분이 아닙니다. 만유의 하나님, 지극히 크신 하나님, 초월자이신 하나님은 오늘도 내 삶 가운데 임재하셔서 하루 24시간 단 한순간도 나를 떠나지 않으십니다. 하나님은 우리가 예수를 믿는 순간 우리 안에 임하십니다. 절대 소멸되지 않습니다. 하나님은 우리의 열심과 노력으로 임하시는 분이 아닙니다.

내가 하늘에 올라갈지라도 거기 계시며 스올에 내 자리를 펼지라도 거기 계시니이다 시 139:8

다윗은 어렸을 때부터 하나님의 임재를 생생하게 경험했습니다. 그랬기에 엘라 골짜기에서 골리앗이 하나님을 조롱했을 때, 다윗은 할례받지 않은 블레셋 사람이 하나님의 이름을 망령되이 일컫는 것을 듣고 몹시 분노했습니다. 참을 수 없는 모욕감을 느꼈습니다.

다윗은 일상에서 매 순간 하나님의 임재를 경험했습니다. 하나님은 사자와 곰의 발톱에서 그를 건져 내셨습니다. 다윗이 치는 양들을 초장과 물가로 인도하신 분도 하나님이었습니다. 다윗은 물맷돌로 사용할 돌을 고르기 위해 시냇가에 무릎을 꿇었을 때도 하나님의 임재를 느꼈습니다. 물맷돌을 들고 골리앗을 향해 달려갈 때도 하나님의 임재에 사로잡혔습니다. 그가 두려움 없이 골리앗을 상대할 수 있었던 것은 하나님이 함께하신다는 것을 믿었기 때문입니다. 다윗은 일상의 영성으로 골리앗을 거뜬히 물리쳤습니다.

도무지 감사할 수 없는 상황인데, 입에서 감사가 터져 나오고 얼굴에 기쁨이 있으며 염려가 사라지는 것, 이것이 하나님의 임재를 경험하는 것입니다. 죄의식을 느끼는 것도 하나님의 임재를 경험하는 것입니다. 새로운 일을 시작할 때도, 길을 걸을 때도, 운전할 때도,

누군가와 대화를 나눌 때도 우리는 하나님의 임재를 경험할 수 있습니다.

여호수아와 함께하시겠다는 하나님의 말씀은 강력한 행동으로 함께함을 증거해 보이겠다는 하나님의 의지를 나타냅니다. 하나님은 우리와 함께하실 때 가만히 지켜보고 계시지 않습니다. 적극적으로 개입하셔서 우리 인생 스토리를 하나님의 역사 스토리로 바꿔 놓으십니다. 그렇기에 하나님의 임재는 강력한 힘이 됩니다.

그런데 하나님은 왜 우리와 함께하시겠다는 겁니까? 우리 앞에 닥친 싸움이 만만치 않기 때문입니다. 여호수아와 이스라엘 백성이 가나안 땅을 정복하는 싸움이 만만치 않기 때문입니다. 이 싸움은 우리 힘으로 상대할 수 있는 것이 아닙니다. 다윗의 힘으로 골리앗을 상대할 수 있습니까? 절대적으로 불가능한 싸움입니다. 이 불가능을 가능으로 바꿀 수 있는 것은 하나님 한 분밖에 없습니다. 그래서 하나님은 기꺼이 우리와 함께하겠다고 하시는 겁니다.

믿음의 길은 결코 쉽지 않습니다. 세상은 결코 만만한 상대가 아닙니다. 하지만 믿음의 사람에게 세상의 만만찮은 힘은 문제가 되지 않습니다. 하나님이 함께하시기 때문입니다. 우리를 부르셔서 사명을 맡기신 하나님이 그 사명을 이루게 하기 위해 우리와 함께하시기 때문입니다.

하나님과 동행하는 삶 자체에 위력이 있습니다. 하나님과 동행하는 사람에겐 활력이 있습니다. 두려움이 없습니다. 늘 평안합니다. 용기가 백배합니다. 우리가 세상과 다를 수 있는 것은 우리 안에 계신 하나님 때문입니다. 우리로서는 이 차별을 만들 수 없습니다.

하나님이 지금 우리와 함께하십니다. 이 사실을 믿어야 합니다.

Q.

<<<< 담대함을 위한
세 번째 여정

Q. 도저히 용기가 나지 않을 때 다른 이의 격려를 들은 적이 있는
   가? 그때 당신의 마음은 어떠했는가?

Q. 세상 속에서 어려움을 겪고 있는가? 어떠한 문제가 있는가?
   세상과의 싸움에서 승리하는 방법은 무엇이라고 생각하는가?

Q. 지금 당신은 삶 속에서 '임마누엘'의 하나님을 경험하고 있는가?

말씀중심

치우치지 말라

여호수아 1:7-8

7 오직 강하고 극히 담대하여 나의 종 모세가 네게 명령한 그 율법
을 다 지켜 행하고 우로나 좌로나 치우치지 말라 그리하면 어디로
가든지 형통하리니

8 이 율법책을 네 입에서 떠나지 말게 하며 주야로 그것을 묵상하
여 그 안에 기록된 대로 다 지켜 행하라 그리하면 네 길이 평탄하
게 될 것이며 네가 형통하리라

광야에서 실패하는 이유

홍해를 건너 광야를 지나 가나안을 향해 가는 이스라엘 백성의 여정은 우리의 신앙 여정과 다르지 않습니다. 세상에서 죄의 종노릇하던 우리가 예수님을 믿고 하나님의 백성이 되어 이 땅의 삶을 거쳐 천국에 가기까지의 여정이 그대로 가나안 여정입니다.

그동안 한국 교회는 예수님을 믿는 것과 천국에 가는 것을 하나로 연결시켜 강조해 왔습니다. 그런 탓에 예수님을 믿은 후 천국에 가기까지 거쳐야 하는 이 땅의 삶을 간과하곤 했습니다. 예수님을 믿으면 천국에 가는 것은 확실합니다. 그런데 천국에 가기 전까지 우리의 삶이 어떠해야 하는가가 중요합니다. 우리는 이 땅에서 사는 동안에도 천국의 삶을 누려야 하고, 동시에 이 땅에 하나님 나라를 세워 가야 합니다.

이스라엘 백성은 가나안 정복이라는 과제를 실현하기도 전에 광야에서 실패를 거듭했습니다. 하나님이 지긋지긋한 애굽에서 탈출해 젖과 꿀이 흐르는 땅 가나안으로 들어갈 것을 약속하셨으나, 이스라엘 백성은 무려 40년을 광야에서 헤매고 다니다 거기서 죽음을 맞았습니다. 도대체 무슨 일이 있었던 겁니까? 이스라엘 백성의 실패 원인이 본문에 나옵니다.

'우로나 좌로나 치우치지 말라'는 하나님의 말씀은 우도 좌도 아닌 중도를 택하라는 의미가 아닙니다. 여기서 '치우치다'는 단어에는 '외면하다, 돌아서다, 이탈하다, 정도에서 벗어나다'라는 의미가 있습니다. 다른 길로 빠지지 말고 한길로만 가라는 의미입니다. 잘못된 길에서 돌이키라는 의미입니다.

이스라엘 백성이 실패한 이유는 한길로 가지 못했기 때문이고 잘못된 길에서 돌이키지 않았기 때문입니다.

하나님은 이스라엘 백성을 직접 팔을 펴서 구원해 주셨습니다. 그런데 이스라엘 백성은 구원 이후 그 황홀하고 경이롭고 풍성하고 복된 삶을 누리지 못했습니다. 지금도 여전히 신앙의 길에서 실패하고 낙오하는 사람이 많습니다. 처음에는 순수합니다. 신실합니다. 그런데 세월이 지나면 벗어나고 곁길로 빠지고 돌이킬 줄 모릅니다.

"나 옛날에 교회에서 청년회장 했다"는 사람을 종종 봅니다. 하지만 지금은 교회에 나가지 않습니다. "왕년에 내가 정말 열심히 기도했어" 하는 사람도 종종 봅니다. 하지만 지금은 식사기도조차 하지 않습니다. 왕년의 열심으로 한길을 갈 수 없습니다. 지금 한길을 가야 진짜입니다. 갈렙과 여호수아처럼 변함없이 한길로 가려면 왕년에, 청년 때 제대로 은혜를 받아야 합니다. 공동체에서 제대로 신앙생활을 해야 합니다.

목회자라고 예외가 아닙니다. 신학교 입학할 때는 열정이 뜨거웠습니다. 주기철 목사님처럼 일사각오 정신으로 목회하겠다고 결심했습니다. 하지만 세월이 흐르면서 하나님을 향한 열정도 순수도 잃어버립니다. "부름받아 나선 이 몸, 어디든지 가오리다… 아골 골짝 빈들에도 복음 들고 가오리다"를 입으로는 불러도 마음으로는 부를 수 없을 만큼 변질되었습니다.

하나님은 이스라엘 광야 1세대의 뼈저린 실패를 염두에 두고 여호수아에게 제발 치우치지 말라고 말씀하십니다. 그런데 치우치게 하는 핵심 요인은 외부에 있지 않습니다. 우리 안에 있는 죄성이 우리를 치우치게 만듭니다. 우리 안에 있는 죄성을 만만하게 생각해서는 안 됩니다. 죄는 사람을 빗나가게 하고 굴곡지게 만듭니다. 변질시킵니다. 하나님의 복된 길을 외면하게 만듭니다.

끝까지 충성하라

이스라엘의 광야 1세대 중 가나안에 들어간 사람은 여호수아와 갈렙뿐이었습니다. 수백만에 이르는 이스라엘 백성 중 단 둘만이 변함없이 한길로 갔습니다.

> 그러나 내 종 갈렙은 그 마음이 그들과 달라서 나를 온전히 따랐은즉 그가 갔던 땅으로 내가 그를 인도하여 들이리니 그의 자손이 그 땅을 차지하리라 민 14:24

갈렙은 이스라엘의 많은 사람들과 달랐다고 성경은 말하고 있습니다. 무엇이 달랐습니까? 그는 하나님을 온전히 따랐습니다. '온전하다'는 '가득히 채우다, 충만하다'라는 의미가 있습니다. 그러므로 갈렙이 하나님을 온전히 따랐다는 말은 갈렙이 하나님의 마음을 충분히 만족시켰다는 의미입니다. 한때 하나님의 마음을 충족시킨 게 아닙니다. 변함없이 하나님을 따랐고 그 마음을 만족시켜 드렸습니다. 하나님은 변함없이 순종하는 사람을 기뻐하십니다.

1~2년 충성하는 것은 누구든지 할 수 있습니다. 5년 동안 충성하는 것도 어렵지 않습니다. 그런데 10년, 20년, 30년, 40년 동안 변함없이 충성하는 것은 쉽지 않습니다. 현실에 타협하거나 상황에 무릎 꿇느라 끝까지 충성하기가 어렵습니다. 그러므로 충성하는 것은 중요하지 않습니다. 끝까지 충성하는 것이 중요합니다.

착한 일을 하기는 어렵지 않습니다. 그러나 착한 일을 계속하는 것은 어렵습니다. 끝까지 착하기가 쉽지 않습니다.

바울은 한때 자신과 동역한 사람들이 변심해서 자신을 떠났다고 말했습니다.

데마는 이 세상을 사랑하여 나를 버리고 데살로니가로
갔고 그레스게는 갈라디아로, 디도는 달마디아로 갔고

딤후 4:10

데마는 자신의 이름이 성경에 기록될 줄 몰랐을 것
입니다. 한때 바울과 동역한 그는 세상을 사랑하여 바
울을 버리고 떠나갔습니다. 바울이 누구입니까? 당시
나 지금이나 영적 거장입니다. 불의 종, 말씀의 사자입
니다. 데마는 그런 바울과 동역을 했습니다. 그 역시 영
적으로 대단한 사람이었습니다.

변질은 어디에서 시작됩니까? 변질은 마음에서 시
작됩니다. 우리 마음이 얼마나 연약한지 한번 마음먹
은 것을 변함없이 유지하기가 참 어렵습니다. 영적 거
장 바울의 믿음의 동역자들도 그 마음을 지키지 못해
변질되었습니다.

그런데 여호수아와 갈렙은 변함없이 하나님을 따랐
다고 합니다. 이것이 하나님의 마음을 흡족하게 한 것
입니다.

여호수아와 갈렙은 오래전 가나안을 정탐한 열두 명의 정탐꾼 중 하나였습니다. 다시 말해 여호수아와 갈렙은 가나안 땅을 밟아 본 사람들입니다. 나머지 열 명의 정탐꾼도 가나안을 직접 밟아 보았습니다. 가나안 땅을 똑같이 밟았으나 이 열 명과 둘의 다른 점은 그것을 바라보는 눈에 있습니다. 갈렙과 여호수아에게는 믿음의 눈이 있었고 나머지 열 명에게는 이 믿음의 눈이 없었던 것입니다.

믿음으로 본다는 것은 하나님의 시각으로 본다는 의미입니다. 하나님이 보여 주시는 대로 보는 것입니다. 왜곡하거나 재해석하지 않고 하나님의 관점으로, 하나님이 보여 주시는 대로 보는 것입니다. 그래서 무엇을 보느냐가 아니라 어떻게 보느냐에 의해 승패가 갈립니다.

믿음은 우리의 관점을 바꾸어 놓습니다. 믿음은 새롭게 보는 눈이라고 할 수 있습니다. 새로운 눈으로 보는 것이 믿음입니다.

대부분의 사람들은 자기가 보고 싶은 대로 보고 듣

고 싶은 대로 듣습니다. 그러나 여호수아와 갈렙은 하나님이 보여 주시는 대로 보았고 제시하신 길을 놓치지 않았습니다. 우리가 말씀을 봐야 하는 이유가 바로 이 때문입니다. 말씀을 통해 내가 어디에 있는지, 어디를 향하고 있는지, 그 길은 바른지를 확인할 수 있습니다. 하나님의 말씀은 방향을 제대로 보게 합니다. 잘못 가는 것, 곁길로 빠진 것을 깨닫게 합니다. 말씀을 들음으로 누리는 축복이란 바로 이런 것입니다.

여호수아와 갈렙은 가나안 땅을 정탐하고 난 후 자신들이 가야 할 방향을 정확하게 설정했습니다. 그리고 그 방향을 향해 흔들림 없이 걸어갔습니다. 믿음으로 가나안 땅을 보았고, 하나님이 약속하신 땅임을 확신했기 때문입니다.

치우치지 않는 삶은 어떤 것일까요? 초심을 유지하는 것입니다. 직장에 처음 출근하는 사람들은 '열심히 해야지'라고 생각합니다. 사역이든, 신앙생활이든, 훈련이든 무엇을 하든지 초심을 유지하는 게 관건입니다. 초심을 끝까지 유지하는 것이 인생의 과제입니다.

이스라엘 백성은 대부분 초심을 잃었습니다. 구약성경의 역사서를 보면, 이스라엘 왕 중에 변질되지 않은 왕이 거의 없습니다. 사울왕도 처음에는 아무 문제가 없었습니다. 그런데 얼마 가지 않아 무너져 버렸습니다. 대부분의 왕들이 무너졌습니다.

많은 지도자들이 처음에는 겸손합니다. 그런데 힘을 가지면 변질됩니다. 사람이 힘을 가지면 이상하게 변합니다. 권력만 힘입니까? 돈도 힘입니다. 돈이 생기면 사람이 변합니다. 건들거립니다.

어떻게 시작했는가는 중요하지 않습니다. 어떻게 마쳤는가가 중요합니다. 비행기가 잘 이륙하는 것도 중요하지만, 착륙을 잘해야 합니다. 뜨긴 떴는데 중간에 추락하면 큰일입니다.

하나님은 '우로나 좌로나 치우치지 말라'고 당부하십니다. 이스라엘 1세대의 실패에서 배우라고 당부하십니다.

이스라엘 백성은 홍해를 건넌 후 승리의 노래를 부르며 춤을 추었습니다. 하나님을 찬양하고 하나님을 높여 드렸습니다. 하지만 얼마 안 가 찬양을 부르던 그 입에서 불평이 쏟아졌습니다. 반역을 일삼았습니다. 그런 백성을 이끌어야 했던 모세의 수고가 얼마나 대단한지 모릅니다.

치우치지 않으려면 기준이 있어야 합니다. 초심을 유지하려면 이 기준을 놓쳐선 안 됩니다. 그 기준이 무엇입니까? 하나님의 말씀입니다. 끝까지 변질되지 않고 초심을 유지하려면 이 말씀에 목숨을 걸어야 합니다. 하나님의 말씀은 시대가 변하고 세상이 변해도 변하지 않는 절대 기준입니다. 신앙생활은 이 기준을 붙잡는 기나긴 훈련의 과정입니다. 신앙생활은 눈치껏 요령으로 하는 것이 아닙니다. 시련을 당하든지 고통을 당하든지 어떤 상황에서도 우직하게 말씀을 붙들고 가는 것이 신앙생활입니다.

세상의 이론과 이념, 사상, 사조는 기준이 될 수 없

습니다. 세상의 기준은 언제나 변합니다. 시대의 흐름에 따라 바뀝니다. 영원히 변하지 않는 기준은 하나님의 말씀밖에 없습니다. 요즘 우리나라에서 이념 전쟁이 심각하게 벌어지고 있습니다. 하나님의 사람은 말씀으로 이념을 해석할 수는 있으나 거기에 사로잡히면 안 됩니다. 우리가 붙잡을 것은 하나님의 말씀 하나밖에 없습니다.

오늘날 다원주의가 성행합니다. 다원주의는 뿌리가 여럿이라는 의미입니다. 뿌리가 다양하다는 의미입니다. 진리도 하나가 아니라는 의미입니다. 하지만 우리는 "내가 곧 길이요 진리요 생명이니 나로 말미암지 않고는 아버지께로 올 자가 없느니라"(요 14:6)는 예수님의 말씀을 믿습니다. 이 시대사조가 "하나님의 말씀이 절대적 진리다"라고 말하면 독선이라고 공격하더라도 우리는 하나님의 말씀을 절대 기준으로 삼고 살아갑니다.

세상은 자신이 옳다고 생각하는 대로 행동하라고 말합니다. 자신이 옳다고 생각하는 것이 옳은 것이라며 함부로 죄를 규정하지 말라고 합니다. 사람마다 좋아하는 게 다르고 행복을 느끼는 지점이 다르듯이 진리도 각자 다르다고 말합니다. 소위 뉴에이지(New Age)의 주장입니다. 그럴듯해서 솔깃해집니다. 개인의 의견을 무시하지 말고 진리를 강요하지 말라고 하지만, 개인의 의견이 진리 위에 있으면 위험합니다. 절대 진리가 거부되면 몹시 혼란스러워집니다.

이스라엘 백성은 하나님을 따르는 것을 놓쳐 버렸습니다. 이것이 그들이 광야에서 오랫동안 헤맨 이유입니다. 광야의 삶이 길어지면 죽을 수밖에 없습니다. 다른 길이 없습니다.

하나님은 우로나 좌로나 치우치지 않는 방법을 말씀하십니다. 바로 말씀을 주야로 묵상하며 입에서 떠나지 않게 하는 것입니다(8절). 이것이 하나님의 마음입니다. 이스라엘 백성이 우로나 좌로나 치우치지 않고 가나안에 들어가는 것이 하나님의 뜻입니다.

이 율법책을 네 입에서 떠나지 말게 하며 수 1:8

담대함

말씀이 우리 입에서 떠나는 순간, 어떤 일이 벌어질지 모릅니다. 열 명의 정탐꾼이 보고한 내용은 하나님과 상관없는 것이었습니다. 말씀이 떠났을 때 그 입에서 나오는 것은 불평이요 원망밖에 없습니다. 상황이 어렵다고 해서 부정적으로 말해서는 안 됩니다. 상황이 어려울 때, 입에서 부정적인 말과 비난의 말이 쏟아져 나오면 망합니다.

하나님은 사람의 죄성을 아십니다. 사람의 죄성에서 죄의 독극물이 끊임없이 쏟아져 나오는 줄 아시므로 하나님은 "이 율법책을 네 입에서 떠나지 말게 하라"고 당부하셨습니다. 그것이 살길이기 때문입니다.

말씀이 입에서 떠나지 않는다는 것은 무슨 뜻일까요? 입만 열면 말씀이 나오는 것입니까? 아닙니다. 언제든 어디에 있든 무엇을 하든 우리 삶의 중심인 하나님 말씀에서 벗어나지 않는 것을 의미합니다. 우리의 말과 행동과 생각이 하나님 말씀에서 벗어나지 않는 것을 말합니다.

우리 입에 하나님의 말씀이 머물러 있으면 그 말씀

이 우리의 현실이 됩니다. 승리할 수밖에 없는 인생이 됩니다. 우리 입에서 나오는 말은 우리 인생이 됩니다. 그러므로 원망하고 불평하고 비판하고 분노하고 짜증 내지 마십시오. 그 말한 것이 현실이 됩니다.

> 의인은 없나니 하나도 없으며 깨닫는 자도 없고 하나님을 찾는 자도 없고 다 치우쳐 함께 무익하게 되고 선을 행하는 자는 없나니 하나도 없도다 그들의 목구멍은 열린 무덤이요 그 혀로는 속임을 일삼으며 그 입술에는 독사의 독이 있고 그 입에는 저주와 악독이 가득하고 그 발은 피 흘리는 데 빠른지라 롬 3:10-15

우리의 목구멍에서, 혀에서, 입술에서, 입에서 온갖 죄가 쏟아져 나옵니다. 하나님의 말씀이 우리 입술을 떠나는 순간, 온갖 죄가 틈타게 됩니다. 세상 문화에 마음을 뺏겨서 우로나 좌로나 매우 치우친 삶을 살게 됩니다. 스마트폰, 게임, 술, 마약 등 각종 쾌락에 빠져 인생을 망가뜨립니다. 그러므로 "이 율법책을 네 입에서 떠나지 말게 하라"는 하나님의 말씀은 오늘을 사는 우리에게 매우 중요하고 명심해야 할 말씀입니다.

말씀을 입에서 떠나지 않게 하는 가장 좋은 방법은 말씀을 암송하는 것입니다. 유대인의 자녀 교육에서 가장 중요하게 강조하는 것이 이 말씀 암송입니다. 암송한 말씀은 가나안 문화를 대적할 힘이 됩니다. 말씀이 입에서 떠나지 않으면, 딴생각이 들어올 틈이 없습니다. 스마트폰 대신 말씀을 손에 들어야 합니다.

주야로 그것을 묵상하여 수 1:8

말씀을 묵상한다는 게 무슨 뜻입니까? 말씀을 묵상하는 것은 초식동물의 되새김질과 같습니다. 하나님의 말씀을 가볍게 대해서는 안 됩니다. 성경은 소설책이나 만화책을 보듯 읽는 책이 아닙니다. 성경은 인내를 가지고 읽어야 합니다. 뿐만 아니라 주의 깊게 지속적으로 읽어야 합니다. 성경을 깊이 숙고해야 합니다.

말씀 암송이 말씀을 입에서 떠나지 않게 하는 것이

라면, 말씀 묵상은 말씀을 마음에서 떠나지 않게 하는 것입니다. 우리의 입을 지키고 마음을 지키는 것은 말씀입니다. 말씀으로 입과 마음을 지킬 때 우리 인생은 승리할 것입니다.

입으로 인해 삶을 망칠 때가 얼마나 많습니까. 마음이 변질되어 인생이 엉망이 될 때가 얼마나 많습니까. 입에서 말씀이 떠나지 않게 하고, 말씀을 늘 묵상하여 하나님의 말씀을 우리 마음에 가득 채워야 합니다. 다르게 사는 힘은 다른 데 있지 않습니다. 하나님의 말씀에 있습니다. 말씀을 붙드는 사람이 이깁니다.

가나안 정복은 가나안 회복이다

여호수아는 전쟁을 치러야 할 장군입니다. 전쟁을 치르려면 신경 써야 할 것이 많습니다. 점검해야 할 것이 많습니다. 전략회의를 많이 해야 합니다. 그런데 하나님은 제사장에게 하실 말씀을 전쟁의 지휘관인 여호수아에게 말씀하시고 있습니다. 이것은 여호수아가 전쟁의 지휘관이기 전에 영적 지도자가 되어야 하기 때문에 그렇습니다. 하나님 말씀의 전문가가 되어야 하는 것입니다. 전술보다 하나님의 말씀이 더 중요하다는 의미입니다.

직업이 무엇이든 어떤 위치에 있든, 그리스도인에게 가장 중요한 것은 말씀입니다. 사업하는 사람도 성경을 잘 알아야 합니다. 사업하느라 바빠서 성경 읽을 시간이 없다고 하면, 그 사업의 미래를 장담할 수 없습니다. 여호수아도 '전쟁하느라 바빠서 말씀 묵상할 시간이 없습니다'라고 생각할 수 있습니다. 그러나 하나님의 생각은 그렇지 않습니다. 말씀을 따를 때 전쟁에서 이깁니다. 말씀을 따를 때 사업도 잘할 수 있습니다.

목회자들만 말씀을 연구하고 묵상하는 것이 아닙니다. 신자라면 누구든지 하나님의 말씀을 붙들어야 합니다. 누구에게든 하나님의 말씀이 가장 우선되어야 합니다. 하나님의 말씀이 필요 없는 사람, 하나님의 말씀이 필요 없는 순간은 없습니다.

말씀을 암송하는 이유가 무엇입니까? 말씀대로 순
종하기 위해 말씀을 암송합니다. 말씀을 묵상하는 이
유가 무엇입니까? 말씀대로 순종하기 위해 말씀을 묵
상합니다. 성경 공부를 하는 이유가 무엇입니까? 말씀
대로 순종하기 위함입니다. 설교를 듣는 이유가 무엇
입니까? 말씀대로 순종하기 위해 설교를 듣습니다. 순
종하는 것이 중요합니다.

영권은 불같이 떨어지는 것이 아닙니다. 영권은 일
상에서 하나님의 말씀을 적용할 때, 일상에서 하나님
의 말씀에 지속적으로 순종할 때 생깁니다. 삶에서 지
속적으로 순종이 쌓일 때 영권이 생깁니다.

묵상은 말씀에 뿌리를 내리는 것입니다. 말씀에 뿌
리를 내리면, 어떤 것에도 흔들리지 않습니다. 매일 말
씀을 묵상하는 삶이 1년, 10년, 30년 지속되면, 어떤 것
에도 흔들리지 않습니다. 말씀을 묵상하고 순종하는
것이 쌓이면, 삶에서 말씀의 위력이 나타납니다. 그래

서 그 삶은 강력해집니다.

> 그리하면 네 길이 평탄하게 될 것이며 네가 형통하리라
> 수 1:8

'네 길이 평탄하고 형통할 것이다'는 이스라엘 백성이 가나안 전쟁에서 승리할 것이라는 뜻입니다. 가나안 전쟁에서 승리는 무기나 전술에 있지 않고 하나님의 말씀에 있습니다. 가나안 전쟁은 하나님이 풀어 가십니다. 그러므로 하나님의 말씀을 따라야 이길 수 있습니다.

> 하나님의 전신 갑주를 취하라 이는 악한 날에 너희가 능히
> 대적하고 모든 일을 행한 후에 서기 위함이라… 구원의 투
> 구와 성령의 검 곧 하나님의 말씀을 가지라 엡 6:13, 17

에베소서는 영적 전쟁에 대해 설명하고 있습니다. "우리의 씨름은 혈과 육을 상대하는 것이 아니요 통치

자들과 권세들과 이 어둠의 세상 주관자들과 하늘에 있는 악의 영들을 상대함이라"고 했습니다. 이 영적 전쟁에서 무기는 하나밖에 없습니다. 성령의 검 곧 하나님의 말씀입니다. 예수님은 이 말씀으로 사탄을 이기셨습니다.

악인이 번성하고 힘 있는 사람이 득세하고 이기는 것 같아도, 세상의 모든 법칙은 하나님의 말씀에 지배를 받습니다. 그러므로 말씀으로 승부를 거는 사람은 반드시 이깁니다. 말씀을 계속 암송하고 묵상해야 하는 이유가 여기에 있습니다.

그런데 하나님의 말씀을 따라 살아가는 일은 쉽지 않습니다. 열 명의 정탐꾼의 불신앙적 보고에 사람들이 환호할 때, 여호수아와 갈렙은 외로웠을 것입니다. 다른 길을 걷는 것은 어렵습니다. 말씀을 따라 사는 것은 어렵습니다. 말씀을 온전히 따르는 것은 어렵습니다. 주님을 끝까지 따르는 것은 어렵습니다. 초심을 유지하는 것은 어렵습니다. 변함없이 목회하는 것은 어렵습니다.

광야 시대의 이스라엘이 그랬듯이 지금도 온전히 하나님을 따르는 사람은 매우 희귀합니다. 하지만 하나님을 따르는 자가 한 사람도 없는 것은 아닙니다. 하나님의 신실한 종들이 지금도 곳곳에서 어둠을 밝히고 있습니다.

세상은 죄의 열기로 가득합니다. 정신을 차리지 못하게 합니다. 우리가 이 세상 속에서 싸우기를 거절하면, 하나님의 백성으로서 정체성을 잃어버리게 됩니다. 우리는 영적 투쟁을 멈추어서는 안 됩니다. 영적 투쟁을 멈추는 순간, 우리는 세상 속으로 빨려 들어갑니다.

가나안 정복이 하나님의 백성에게는 축복의 기회이지만, 가나안 원주민에게는 하나님의 심판입니다. 가나안의 죄악이 온 세상에 가득해서 하나님이 더 이상 인내하실 수 없었습니다. 따라서 가나안 정복은 그 땅을 회복시키는 일입니다. 하나님의 백성은 타락한 땅을 회복시키는 사명을 위해 하나님께 부름받았습니다. 그런 이스라엘 백성이 만일 가나안 땅에 들어가 도리어 타락한다면, 그들도 당연히 가나안에서 쫓겨나야 합니다. 하나님의 백성으로서 정체성을 지키지 못하고 땅을 오염시키면 그들도 가나안 원주민처럼 쫓겨나는 게 당연합니다.

가나안은 분명히 축복의 땅입니다. 그러나 가나안 땅이 주는 무서운 유혹도 있습니다. 우리가 하나님의 백성으로서 살 때, 하나님이 우리에게 주시는 축복이 분명히 있습니다. 그런데 그 축복을 사유화해서는 안 됩니다. 나 하나 밥 먹고 살다가 가는 것으로 만족해선 안 됩니다. 예수님이 왜 "염려하여 이르기를 무엇을 먹을까 무엇을 마실까 무엇을 입을까 하지 말라"(마 6:31)고 말씀하셨습니까? 삶의 초점을 생존에 맞추면, 생존의 문제 하나 해결하기에도 힘든 인생이 되기 때문입니다.

생존의 문제가 만만합니까? 아담과 하와가 범죄함으로 인류는 흙으로 돌아갈 때까지 얼굴에 땀을 흘려야 먹을 것을 먹을 수 있게 되었습니다. 이것은 인류에 내려진 저주입니다. 생존의 문제는 결코 만만하지 않습니다. 과거에는 더 그랬지만 지금도 수많은 사람들이 굶어 죽고 있습니다.

이 저주에서 벗어나려면 예수님을 믿고 하나님의 나라와 의를 구하며 살아야 합니다. 우리가 이렇게 할 때, 하나님이 우리의 생존을 책임져 주십니다.

가나안 정복은 단순히 애굽에서 가나안으로 공간을 이동하는 것에 목적이 있지 않습니다. 애굽에서보다 더 잘 먹고 더 잘사는 것에 목적이 있지 않습니다. 우리의 목적은 우리 안에 숨겨진 가나안의 원주민을 쫓아내는 것입니다. 자기 욕망대로 살고 싶어 하는 욕구와 싸워서 이기는 것입니다.

그러려면 정욕을 따라 살고자 하는 자아와 매일 싸워야 합니다. 자아가 죽는 경험을 하지 않으면, 우리는 죄의 종노릇이나 하다 죽음을 맞게 될 것입니다. 자유인과 거리가 먼 삶을 살게 될 것입니다.

우리가 어디에 사느냐는 중요하지 않습니다. 넓은 땅, 좋은 땅에 산다 해도, 우리의 자아가 죽지 않으면, 우리는 노예처럼 살 수밖에 없습니다. 비참하게 살게 됩니다.

자아가 죽고 정욕과 싸워 이긴 자에게 하나님의 축복이 임합니다. 우리의 사명은 이 축복을 나누는 것입니다. 죄에 찌들어 살아가는 사람들을 우리가 누리는 구원의 풍성함 속으로 인도하는 것이 우리의 사명입니다. 돈이면 전부라고 생각하는 사람들에게 돈보다 귀중한 것이 많다는 것을 깨닫게 해주는 것이 우리의 사명입니다. 그러려면 먼저 우리가 그것을 경험해야 합니다.

젖과 꿀이 흐르는 가나안 땅에는 바알과 아세라, 풍요의 신, 물질의 신이 가득했습니다. 그래서 하나님은 이스라엘 백성들에게 가나안 땅에 들어가서 죄악과 쾌락으로 오염된 가나안의 족속을 다 진멸하라고 말씀하셨습니다. 왜 진멸하라 하십니까? 하나님의 백성이 가나안의 죄에 오염될까 염려되어서입니다. 하나님의 백성이 자기 사명을 완수할 때까지 지키시기 위해서입니다.

세상은 하나님이 남김없이 진멸하라고 하실 만큼 강력하고 끈질깁니다. 절대 만만한 상대가 아닙니다. 이스라엘 백성은 이 사실을 간과했기에, 이 경고를 우습게 여겼기에 여호수아가 죽고 나자 바로 타락했습니다. 하나님을 떠나 가나안의 풍습과 문화를 허겁지겁 좇기에 바빴습니다.

현대인도 지적이고 교양 있는 듯하지만 돈 앞에서 돌변합니다. 조금도 손해 보지 않으려 합니다. 돈에 울고 웃느라 마음으로 삶으로 매일 악을 저지릅니다. 세상 사람들은 그럴 수밖에 없습니다. 세상의 위력이 그만큼 셉니다. 우리 안의 죄성이 그만큼 끈질깁니다.

세상을 절대 우습게 보지 마십시오. 우리 안의 죄성을 절대 만만히 보지 마십시오. 아차 하는 순간 넘어지고 무너집니다.

하나님의 백성은 끊임없이 나는 누구인가, 나는 지금 어디로 가고 있는가, 나는 변질되지 않았는가, 나는 치우치지 않았는가, 나는 하나님의 말씀대로 가고 있는가를 점검하고 또 점검해야 합니다. 그래야 가나안을 회복시키는 사명을 완수할 수 있습니다.

우리의 신앙은 위기를 맞을 때가 많습니다. 세상을 변화시키기보다 세상에 의해 변질되기 쉬운 것이 우리입니다. 세상을 부러워하고 있습니까? 속지 마십시오. 세상에는 우리가 부러워할 만한 것이 아무것도 없습니다. 사람들이 관심을 가지는 것에 기웃거리지 마십시오. 우리의 기준은 오직 하나님의 말씀밖에 없습니다.

누가복음 15장에서 예수님은 탕자의 비유를 통해 아버지를 떠난 자의 결말을 보여 주셨습니다. 탕자는 아버지의 유산을 챙겨 떠났지만, 얼마 가지 않아 인생의 밑바닥을 경험했습니다. 하나님 없이는 모든 것이 신기루에 불과합니다.

가나안에서 어떻게 살아야 합니까? 하나님의 백성으로서 정체성을 잃지 않고 하나님이 맡기신 사명을 감당하며 살아야 합니다. 하나님의 백성으로 변화된 우리는 우리가 있는 곳에서 신선한 충격과 도전과 감동을 주는 영권을 가진 그리스도인으로 살아야 합니다. 우리의 삶을 통해 영향력을 끼쳐야 합니다. 그것이 빛과 소금으로 사는 것입니다.

우리의 존재에서 복음이 발산되어야 합니다. 전도지를 주며 복음을 전하는 것도 중요하지만, 우리의 모습에서 복음이 흘러나와야 합니다.

삶에서 하나님의 말씀을 우선으로 여기고 생명을 걸고 말씀을 따라 살면, 하나님이 우리를 승리하게 하실 것입니다. 우리를 통해 하나님의 나라를 이루어 가실 것입니다.

Q.

Q. 신앙의 길에서 실패하는 이유가 무엇이라고 생각하는가?

Q. 신앙의 균형성과, 순결성, 방향성을 스스로 점검했을 때, 당신은
   얼마나 건강한 신앙을 가지고 있다고 생각하는가?

<<<< 담대함을 위한 네 번째 여정

Q. 오랫동안 충성하여 헌신한 경험이 있는가? 변함없이 충성하기
   어려운 이유는 무엇인가?

Q. 다원주의가 신앙과 교회에 주는 영향은 무엇인가? 무엇을 조심
   해야 하는가?

감정수업

강하고 담대하라

9 내가 네게 명령한 것이 아니냐 강하고 담대하라 두려워하지 말며

놀라지 말라 네가 어디로 가든지 네 하나님 여호와가 너와 함께하

느니라 하시니라

우리의 구원에서 우리가 한 일은 아무것도 없습니다. 하나님이 다 하셨습니다. 가나안 정복도 우리가 하는 것이 아닙니다. 하나님이 다 하십니다. 우리가 하나님의 백성으로서 가나안을 회복시키는 사명을 감당하는 것도 우리 힘으로 하는 것이 아닙니다. 하나님이 성취해 가십니다.

하나님은 우리가 세상의 어둠을 물리치고 옛사람을 죽이므로 하나님의 백성으로 살아가도록 도우십니다. 이미 이 싸움에서 승리하도록 필요한 모든 것을 준비해 놓으셨습니다. 아니 하나님은 이 싸움을 이미 이겨 놓으셨습니다.

하나님이 다 하시고 다 이뤄 놓으셨지만 우리가 해야 할 일이 있습니다. 하나님이 우리에게 주신 땅을 발로 밟는 것입니다.

너희 발바닥으로 밟는 곳은 모두 내가 너희에게 주었노니

수 1:3

우리가 아무것도 시도하지 않으면 하나님이 이미 이뤄 놓은 것이라도 우리 것이 될 수 없습니다. 겁에 질려 웅크리고 있는데 바라던 바가 하늘에서 떨어지는 법은 없습니다. 구원 이후 우리에게 주어지는 풍성한 삶은 우리가 발로 밟고 믿음으로 나아갈 때 주어집니다. 적극적인 행위가 있어야 합니다. 믿음의 행위가 있어야 합니다. 하나님은 우리에게 주시려고 이미 은혜를 쌓아 두고 계십니다. 그 은혜를 받고 안 받고는 우리에게 달려 있습니다.

우리 인생은 애굽을 벗어난 것으로 끝나면 안 됩니다. 홍해를 건넌 것으로 만족해서는 안 됩니다. 광야를 통과하고 가나안 땅으로 들어가야 합니다. 더 이상 노예처럼 살아서는 안 됩니다. 자유인으로 변화된 삶을 살아야 합니다.

교회에 다니고 신앙생활을 하지만, 광야에 머물러 있는 사람이 많습니다. 하늘에서 내려오는 만나와 메추라기로 만족하는 사람이 많습니다. 광야를 돌고 또 도는 반복된 삶으로 끝나는 사람이 많습니다. 하나님은 우리를 광야에서 살게 하려고 애굽에서 끌어내시지 않았습니다. 약속의 땅 가나안으로 들어가 가나안을 정복하고 회복시키는 축복의 삶을 살게 하려고 애굽에서 탈출시키셨습니다.

천국은 미래에 우리가 갈 언약의 나라이지만 동시에 지금 이 땅에서 누려야 할 나라이기도 합니다. 지금 이 땅에서 천국을 경험해야 합니다. 어떻게 그럴 수 있습니까? 우리 안에 있는 죄의 속성을 걷어 낼 때 천국을 경험하게 됩니다. 옛사람을 죽일 때 천국을 경험하게 됩니다. 가나안의 원주민을 몰아낼 때 천국을 경험하게 됩니다.

염려와 불안, 두려움, 불행과 같은 부정적인 감정과 생각에 시달립니까? 이런 감정과 생각은 죄로부터 오는 것입니다. 죄를 해결하기 전에는 이런 부정적인 감정과 생각에 끌려다닐 수밖에 없습니다. 행복할 수 없는 겁니다.

하나님은 "네 발로 밟는 땅을 주겠다"고 약속하십니다. 부정적인 감정과 생각에 사로잡히면 땅을 밟을 수 없습니다. 겨우 현실을 버티는 정도로 살아서는 발로 그 땅을 밟을 수 없습니다. 어떻게 해야 합니까? 믿음으로 적극적이고 진취적으로 땅을 밟아야 합니다. 그런 사람에게 하나님은 승리를 안겨 주십니다.

예수님을 믿는 순간 내 안에 하나님의 나라가 커집니다. 주변 사람들이 알아볼 정도입니다. 믿음으로 땅을 밟는 것을 주변 사람들이 보게 됩니다. 이 변화가 주변 사람들을 하나님 나라로 이끌 것입니다.

오랫동안 교회 다니고 예배드리는데도 이런 변화가 없습니까? 여전히 자신 없고 불안하고 두렵고 의심합니까? 이유가 무엇입니까? 내 안에 하나님 나라가 없기 때문입니다. 아직 가나안에 들어가지 않았기 때문입니다. 여전히 광야를 전전하고 있는 것입니다. 이런 사람에게서 세상 사람들은 어떤 매력도 감동도 느낄 수 없습니다. 그에게서 하나님 나라를 볼 수 없습니다. 성경책을 들고 다닌다고 하나님 나라를 증거하는 것이 아닙니다.

우리는 승리의 개가를 불러야 합니다. 힘차게 할렐

루야를 외쳐야 합니다. 광야에서 벗어나야 합니다. 얼굴이 활짝 피어야 합니다. 영권을 회복해야 합니다.

두려움을 이겨야 땅을 밟게 된다

하나님이 허락하신 땅은 매우 광대합니다. 하나님은 가나안 땅을 이미 쟁취하셨습니다. 철옹성 같은 여리고성은 이스라엘 백성이 손 하나 대지 않았는데도 무너졌습니다. 이스라엘의 전설적인 소문을 듣고 그들의 마음이 이미 무너졌기 때문에 단지 여리고성 주위를 돌았을 뿐인데 성이 무너졌습니다. 하나님이 다 해놓으신 것입니다.

하나님이 가나안 정복을 위한 전쟁을 승리로 이끌 것이지만, 그럼에도 불구하고 이스라엘 백성이 할 일이 있습니다. 바로 발로 그 땅을 밟는 것입니다. 하나님의 말씀을 따라 여리고성을 도는 것입니다. 그러기 위해서는 그 전에 반드시 넘어야 할 산이 있습니다. 바로 두려움입니다.

내가 네게 명령한 것이 아니냐 강하고 담대하라 두려워하지 말며 놀라지 말라 네가 어디로 가든지 네 하나님 여호와가 너와 함께하느니라 수 1:9

하나님은 이 짧은 구절에서 "강하고 담대하라" "두려워하지 말라" "놀라지 말라" "내가 너와 함께하겠다"라고 용기를 주는 말씀을 반복해서 하십니다. 이유가 무엇입니까? 여호수아가 넘어야 할 산인 두려움을 이기게 하기 위해서입니다. 여호수아가 이 산을 넘어야 이스라엘 백성도 담대히 넘을 것이기 때문입니다.

이 말씀에서 하나님은 여호수아의 감정 상태를 존중하고 계신 걸 보게 됩니다. 왜 두려워하느냐고 책망하거나 질책하지 않으시고 '내가 너와 함께할 테니 걱정하지 말라'고 그 마음을 만지고 계십니다.

최고의 전략가요 최고의 지휘관이신 하나님께 전략이나 무기보다 중요한 것은 그의 백성의 마음이었습니다.

감정을 무시하면 안 됩니다. 감정을 가볍게 여기고 내버려 두면 큰일 날 수 있습니다. 죄의 지배를 받는 감정이 부정적인 영향을 받으면 위험합니다. 이 부정적인 감정은 평소에는 발톱을 드러내지 않다가 어떤 사건과 만나면 사납게 반응해서 큰일을 일으킵니다. 미묘한 감정의 변화를 무시하면 어떤 위험한 일이 닥칠지 모릅니다.

엘리야 선지자는 이세벨의 말 한마디에 감정이 무너져 버렸습니다. 바알을 섬기는 선지자 450명을 상대로 하나님의 살아 계심을 증명해 보인 엘리야입니다. 그런 엘리야가 이세벨의 독살스런 말에 기가 죽어 로뎀나무 아래에서 죽기를 구했습니다. 그토록 당당하던 엘리야가 순식간에 자기연민에 빠져 차라리 죽게 해달라고 하나님께 구했습니다. 감정이 다쳤기 때문입니다.

감정을 가볍게 보아선 안 됩니다. 감정의 영역에서 일어나는 일은 예측할 수 없습니다. 절망, 분노, 두려움 등 부정적인 감정이 파도를 치면, 무슨 일이 일어날지 알 수 없습니다.

그렇기에 하나님은 여호수아의 감정을 다루셨습니다. 여호수아는 40년 동안 광야의 걸출한 리더였던 모세의 뒤를 따라다니며 광야에서 일어난 수많은 해프닝을 눈으로 목격했습니다. 나름대로 지도력도 키웠습니다. 만만치 않은 장수였습니다. 그런 여호수아도 가나안 정복을 앞두고 두려워 떨었습니다. 당장에 전쟁을 치르는 것보다 여호수아의 이 두려운 마음을 회복시키는 것이 급선무였습니다.

하나님이 참전하는 가나안 전쟁에서 실력이나 군비는 문제가 안 됩니다. 문제는 담대함입니다. 하나님을 믿으므로 두려워하지 않는 담대함입니다. 여호수아와 이스라엘 백성에게 필요한 것은 바로 이 담대함이었습니다.

아무리 비전이 좋아도 용기가 없으면 아무 소용이 없습니다. 용기가 없고 두려움이 많으면 비전은 빛 좋은 개살구에 불과합니다. 기회가 수없이 찾아와도 겁에 질려 있으면 아무것도 이룰 수 없습니다.

'핵심감정'(Nuclear Feeling)이라는 말이 있습니다. 핵심감정은 한 사람의 행동과 사고, 정서를 지배합니다. 우리는 우리의 인생을 바꾸려면 이 핵심감정을 바꾸어야 합니다. 현대인의 핵심감정은 불안과 두려움입니다. 두려움, 불안, 근심, 염려, 공포 등 부정적인 감정으로 인해 많은 현대인이 불면증에 시달리거나 신경성 질환을 앓고 있습니다. 최근 우울증과 공황장애가 크게 늘어나고 있습니다. 불안하기 때문입니다. 왜 불안하고 두렵습니까? 세상이 하루가 다르게 급변하다 보니 미래에 대해 아무것도 예측할 수 없기 때문입니다. 기대하기 힘든 미래로 인해 오늘의 삶이 불안한 것입니다.

하지만 그렇다고 과거로 돌아갈 수는 없습니다. 이미 홍해를 건넜습니다. 그렇다면 미래로 나아가야 합니다. 그런데 두려움이 그 발목을 잡습니다. 이스라엘 백성은 이미 애굽을 빠져나왔으면서도 걸핏하면 애굽으로 돌아가자고 노래를 불렀습니다. 지긋지긋한 노예의 삶에 자기를 묶는 것이 불안한 미래로 나아가는 데 따르는 두려움보다 더 낫다고 생각한 것입니다.

두려움은 이처럼 무서운 감정입니다. 두려움이 몰려 오면 삶이 마비됩니다. 입술이 바싹바싹 타고 손발이 떨리고 가슴이 답답합니다. 온몸에 힘이 빠집니다. 뿐 만입니까? 이성이 마비되어 버립니다. 의지적으로 다 스리려 해도 다스릴 수 없습니다. 심지어 죽고만 싶습 니다.

왜 사람들이 돈을 벌어 쌓아 두려 합니까? 불안하기 때문입니다. 하나님으로부터 벗어난 존재는 근원적으 로 불안합니다. 이 불안은 어떤 것으로도 해소될 수 없 습니다. 왜 권력을 가지려 합니까? 연약함과 무기력함 에서 오는 두려움을 권력의 힘으로 이기려 하기 때문 입니다. 이 두려움 역시 어떤 것으로도 물리칠 수 없습 니다. 우리 힘으로는 불안과 두려움을 물리칠 수 없습 니다.

아이들에게도 권력 의지가 있습니다. 아이가 셋인 경우, 둘째가 동생에게 두려움을 줘서 과자를 빼앗습 니다. 둘째는 형의 존재로부터 느끼는 두려움을 극복하기 위해 나름대로 처세술을 개발합니다. 그런데 형이 지나치게 두려움을 주면, 둘째는 오히려 형을 윽박지릅니다. 타협의 한 방편입니다. 힘이 없는 막내에게도 수는 있습니다. 우는 것입니다. 울며 형을 손가락으로 가리키면 모든 것이 끝납니다. 엄마가 형들을 제압할 것이기 때문입니다. 막내는 형들이 두려워하는 엄마 아빠의 권력에 기대는 법을 어렸을 때부터 배우는 것입니다.

아이들의 권력 의지도 결국은 두려움에서 파생된 것입니다. 두려움은 우리 삶에서 떼려야 뗄 수 없는 감정입니다. 절대 권력을 가져도 인간은 두렵습니다. 언제 누가 그 권력에 도전해 올지 모르기 때문에 두렵고 죽음으로 절대자의 자리에서 내려오는 것이 두렵습니다. 어떤 인생이든 두려움을 피할 수 없습니다.

이스라엘의 초대 왕 사울은 두려워서 다윗을 시기하고 미워했습니다. 이 두려움은 마침내 사울을 미치게 했고 실패한 왕으로 마감하게 만들었습니다.

가나안 전쟁의 초기에 하나님은 이 두려움을 다루셨

습니다. 여호수아의 마음을 사로잡았던 두려움을 다루어 물리쳐 주셨습니다.

두려움을 넘어서야 새로운 역사가 시작됩니다. 두려움을 넘어서야 신자답게 살 수 있습니다. 여전히 두려움 가운데 있으면 하나님의 백성이라도 세상에서 옹졸하게 살 수밖에 없습니다. 비겁하게 살 수밖에 없습니다.

베드로는 예수님이 심문받는 자리에 따라갔다가 여종 하나가 그를 고발하자 벌벌 떨며 예수님을 세 번이나 부정했습니다. 예수님의 수제자였던 그가 여종 하나도 제압하지 못해 벌벌 떨었던 것입니다. 예수님이 예언한 대로 닭이 울며 새벽이 오자 베드로는 그 자리에서 절망했습니다.

우리가 하나님의 백성답게 살려면 두려움이라는 감정의 벽을 깨는 훈련을 해야 합니다. 두려움을 처리하지 않으면, 재능, 실력, 기회가 다 무용지물입니다.

하나님의 말씀에 순종하며 사는 것은 우리에게 두려움을 줍니다. '이렇게 하고도 먹고살 수 있을까' '주일을 바쳐 예배드리고 봉사하고도 직장에서 살아남을 수 있을까.' 현실적인 두려움이 엄습합니다. 주일 성수하다가 인생이 실패할까 두렵습니다.

세상은 이유 없이 우리를 미워합니다. 세상 사람들은 교회를 비난하고 예수 믿는 사람들을 비난합니다. 비난할 만한 이유가 있어서 비난하기도 하지만, 세상은 본래 하나님의 백성들을 미워합니다.

예수님은 "세상이 너희를 미워하면 너희보다 먼저 나를 미워한 줄을 알라"(요 15:18)고 말씀하셨습니다. 세상 사람들이 우리를 미워하는 것은 하나님을 미워하기 때문입니다. 그렇기에 그들 앞에서 '나는 하나님의 백성이다'라고 선포하려면 용기가 필요합니다.

너희 대적 마귀가 우는 사자같이 두루 다니며 삼킬 자를 찾나니 벧전 5:8

두려움은 마귀의 가장 쉬운 전술입니다. 우리 안에 두려움을 심어서 믿음의 길을 가지 못하게 하고 말씀을 따라 살지 못하게 하는 것입니다. 하지만 하나님은 원수의 목전에서도 상을 차려 주십니다(시 23:5). 마귀가 준 두려움에 속지 말아야 합니다.

믿음과 두려움은 공존할 수 없습니다. 믿음이 떠나면 두려움이 옵니다. 믿음이 생기면 두려움이 떠납니다. 그러므로 두려움을 이기는 것이 신앙입니다. 믿음은 용기를 줍니다. 죽는 것도 겁나지 않습니다.

열 명의 정탐꾼은 두려움이라는 감정에 이끌려 믿음을 잃고 말았습니다. 그러면서 "거기서 네피림 후손인 아낙 자손의 거인들을 보았나니 우리는 스스로 보기에도 메뚜기 같으니 그들이 보기에도 그와 같았을 것이니라"(민 13:33)고 말했습니다. 믿음을 잃으면 두려움에 사로잡힙니다. 두려움에 사로잡히면 자신을 메뚜기 같은 존재로 얕잡아 봅니다.

반면에 여호수아와 갈렙은 "우리가 두루 다니며 정탐한 땅은 심히 아름다운 땅이라 여호와께서 우리를 기뻐하시면 우리를 그 땅으로 인도하여 들이시고 그 땅을 우리에게 주시리라"(민 14:7)라며 믿음의 눈으로 가나안 땅을 보았습니다. 두 사람은 두려움에 사로잡히기는커녕 "여호와는 우리와 함께하시느니라 그들을 두려워하지 말라"(민 14:9)고 이스라엘 백성에게 도전했습니다.

스데반 집사도 뭇 사람이 그를 향해 돌을 던지는데도 두려움에 굴복하지 않고 그들에게 복음을 전했습니다. 스데반처럼 담대하려면 믿음이 커져야 합니다. 믿음이 커질수록 더 담대해집니다. 믿음은 두려움을 이깁니다.

하나님의 감정수업

하나님의 감정수업은 그러므로 믿음 훈련입니다. 감정 자체를 다루면 실패할 수밖에 없으나 믿음이 강화되면 다스릴 수 있습니다.

믿음 훈련은 어떤 것입니까? 상황이 아니라 하나님을 바라보는 것이 믿음 훈련입니다. 기도가 무엇입니까? 상황이 아니라 하나님을 바라보는 것이 기도입니다. 묵상이 무엇입니까? 상황이 아니라 하나님의 말씀을 보는 것이 묵상입니다. 그러므로 시선을 바꾸는 것이 믿음 훈련입니다.

> 아무것도 염려하지 말고 다만 모든 일에 기도와 간구로, 너희 구할 것을 감사함으로 하나님께 아뢰라 그리하면 모든 지각에 뛰어난 하나님의 평강이 그리스도 예수 안에서 너희 마음과 생각을 지키시리라 빌 4:6-7

기도하다가 하나님만 크게 보인다면 응답받은 것입니다. 염려의 상황에서 벗어나 하나님을 주목했기 때문입니다. 상황은 변화무쌍합니다. 그러나 하나님은 산과 같습니다. 언제나 그 자리에 계십니다.

블레셋의 전술은 골리앗과 같은 거인을 앞세워 이스라엘에게 두려움을 심는 것이었습니다. 당시 창의 길이가 길수록 전쟁에서 유리했습니다. 긴 창을 가지고 싸우려면, 장수의 키가 커야 합니다. 몸집이 작은 사람과 몸집이 큰 사람은 소리부터 다릅니다. 골리앗에게서 나오는 위용, 골리앗이 가진 무기의 크기 앞에서 이스라엘 군사는 주눅이 들었습니다. 블레셋의 전술대로 두려움에 사로잡힌 것입니다.

그런데 블레셋이 전염시킨 이 두려움에 사로잡히지 않은 사람이 있었습니다. 바로 다윗입니다. 전혀 두려움을 느끼지 않는 다윗에게 골리앗은 기회일 뿐이었습니다. 매 순간 하나님께 시선을 고정한 다윗에게 골리앗은 거인이 아니었습니다. 다윗에게 거인은 하나님 한 분뿐이었습니다. 그렇기에 골리앗의 거대한 몸집은 다윗에게 두려움을 주기보다 명중시키기 좋은 목표물이었습니다. 아무렇게나 던져도 맞힐 수 있는 거대한 목표물이었습니다.

두려움에 떠는 사람은 두려움을 주는 실체 때문에 눈이 가려집니다. 그래서 실상을 보지 못합니다. 객관성을 갖지 못합니다. 두려움이 눈을 가려 버렸기 때문입니다. 자신에게 찾아온 위기가 기회임을 깨닫지 못합니다.

온 이스라엘에게 골리앗은 위기였으나 다윗에게는

기회였습니다. 다윗은 골리앗을 넘어뜨림으로써 이스라엘 역사 무대에 데뷔하게 되었고, 그 한가운데에 우뚝 서게 되었습니다. 두려움이 사라지고 눈이 열리면 인생의 위기가 기회가 됩니다.

우리는 믿음으로 기회를 알아보아야 합니다. 우리의 인생에는 언제나 위기가 있지만, 위기를 기회로 볼 수 있어야 합니다. 위기를 기회로 보는 눈이 믿음입니다.

두려움 때문에 기회를 놓치는 경우가 많습니다. 두려움 때문에 인생이 쪼그라듭니다. 그러므로 감정이 이끄는 대로 휘둘려서는 안 됩니다. 다만 믿음이 우리의 감정을 이끌어 가게 해야 합니다.

무릇 하나님께로부터 난 자마다 세상을 이기느니라 세상을 이기는 승리는 이것이니 우리의 믿음이니라 요일 5:4

두려움과 싸운다고 두려움이 사라지지 않습니다. 두려움은 믿음을 키우면 저절로 사라집니다. 믿음은 하나님께 시선을 고정하는 것입니다. 주님만 의지하고 주님만 신뢰하는 것이 믿음입니다.

두려움은 영적인 문제다

두려움은 하나님과의 관계와 밀접한 연관이 있습니다. 하나님을 떠난 순간 두려움이 우리를 공격합니다. 에덴동산에서 죄를 범한 아담이 처음으로 느낀 감정이 두려움입니다. 하나님이 아담을 부르며 "네가 어디 있느냐"(창 3:9) 하셨을 때, 아담은 "내가 동산에서 하나님의 소리를 듣고 내가 벗었으므로 두려워하여 숨었나이다"(창 3:10)라고 대답했습니다.

죄를 지은 인간은 두려움을 안고 살아갑니다. 두려움은 하나님에 대한 두려움이기도 하지만, 죄의 대가로 주어지는 형벌에 대한 두려움이기도 합니다. 하나님과의 관계가 뒤틀리면, 두려움은 불가피합니다. 하나님을 떠나 두려움이 왔다면, 처방은 간단합니다. 하나님께로 돌아가면 됩니다. 그냥 돌아가는 것이 아니라 하나님과 관계가 회복되어야 합니다.

감정은 단순히 성향이나 기질의 문제가 아닙니다.
감정은 영적 문제와 연결되어 있습니다. 불안한 생각
이 밀고 또 밀고 들어올 때가 있습니다. 불안이 꼬리에
꼬리를 물고 이어집니다. 빠져나오려고 하지만 오히려
빨려 들어갑니다. 이것이 마귀의 공격입니다. 특히 중
대한 일을 할 때 이런 경험을 하게 됩니다. 영적 싸움인
것입니다. 목회자들도 이런 경험을 많이 합니다. 특히
매우 중요한 일을 앞두고 영적 공격을 당합니다.

> 너희는 다시 무서워하는 종의 영을 받지 아니하고 양자
> 의 영을 받았으므로 우리가 아빠 아버지라고 부르짖느
> 니라 롬 8:15

우리는 종의 영을 받지 않고 양자의 영을 받았습니
다. 그래서 우리는 하나님을 '아빠 아버지'라고 부릅니
다. 하나님을 '아빠 아버지'라고 부를 때 우리는 그 친
밀감으로 인해 안정감을 느낍니다.

하나님은 어느 두려움의 대상보다 크십니다. 위대하

십니다. 하나님은 어떠한 환경과 사람도 이겨 내실 수 있습니다. 그러므로 우리는 하나님을 바라보아야 합니다. 하나님과 친밀한 관계를 맺어야 합니다. 예수님은 "이것을 너희에게 이르는 것은 너희로 내 안에서 평안을 누리게 하려 함이라 세상에서는 너희가 환난을 당하나 담대하라 내가 세상을 이기었노라"(요 16:33)고 하셨습니다. 예수님이 세상을 이기셨으므로 예수님 안에 있으면 우리를 대적할 자가 없습니다. 하나님의 임재 안에 있으면 아무것도 문제되지 않습니다.

모세는 광야를 떠도는 40년 동안 두려움의 강을 건너고 또 건넜습니다. 리더의 자리가 어려운 것은 책임이 따르기 때문입니다. 결정을 내리는 순간마다 두려움을 느낍니다. 결과가 어떠할지 알 수 없기 때문입니다. 200만 명의 이스라엘 백성을 이끌던 모세에게 가장 큰 어려움은 이 두려움과 맞서는 것이었습니다. 이스라엘 백성이 일사불란하게 구름기둥과 불기둥을 따라 광야를 떠돈 게 아닙니다. 그들은 걸핏하면 원망하고 불평하고 심지어 모세를 죽이려고 돌을 들고 달려들기까지 했습니다.

그 세월이 40년입니다. 이 세월을 지켜 준 것은 하나님입니다. 모세가 대범한 사람이라서 그토록 우여곡절이 많은 세월을 견디고 이긴 것이 아닙니다. 일마다 때마다 하나님이 함께하시므로 그 세월을 뚫고 나올 수 있었습니다. 어떤 인생이든 하나님과의 거리가 중요합니다. 그 거리가 밀접할수록 세상을 이길 수 있습니다.

하나님이 함께하신다는 것을 확신할 때, 두려움은 떠나갑니다. 부정적으로 판단하고 걱정하고 염려하던 인생이 하나님이 함께하신다는 것을 기억할 때, 담대할 수 있습니다. 하나님이 함께하신다는 것을 확신할 때, 가나안은 축복이요 기회가 됩니다.

감정도 훈련이 필요하다

감정을 다스리는 것은 하나님의 말씀입니다. 하나님의 말씀이 삶을 지지할 때 감정 문제도 해결됩니다. 하나님의 말씀이 언제 삶을 지지합니까? 하나님의 말씀에 순종할 때, 하나님의 말씀이 삶을 지지합니다.

말씀에 순종하려 할 때 위험이 따를 수 있습니다. 말씀에 순종하는 자를 마귀가 공격하고 방해하기 때문입니다. 그럼에도 하나님을 신뢰하고 순종하면, 말씀이 진리임을 깨닫게 됩니다. 이것은 말씀에 순종한 사람만이 알 수 있습니다. 말씀에 순종할 때, 말씀으로 인해 내적 확신이 생깁니다. 그것이 담대함이 됩니다.

하나님의 말씀이 내면을 지배하고 삶을 지지하면 누군가 나를 폄하하고 비방한다 해도 그것에 영향을 받지 않습니다. 이것을 경험해야 합니다. 사람의 소리보다 하나님의 말씀이 더 강력하게 들리면 흔들리지 않습니다. 말씀의 위력을 맛본 사람은 무적입니다.

죄를 짓고 불순종의 삶을 살면 불안한 감정에 쫓기게 됩니다. 죄를 지음으로 하나님이 불편해지면 하나님이 함께하신다는 임재 의식이 없기 때문입니다. 하나님이 멀리 떠나신 것 같습니다.

그러나 이 사실을 명심하십시오. 우리는 하나님의 부재를 느낀다 해도, 하나님은 우리 가운데 임재하십니다. 그러므로 불안이 핵심감정이 되었다면, 말씀에 따라 순종하지 않은 것이 무엇인지 점검하고 회개함으로 돌이켜야 합니다. 여전히 우리 가운데 계신 하나님을 만나야 합니다.

왜 불안합니까? 상황 때문이 아닙니다. 하나님과의 관계에 문제가 있기 때문입니다. 자녀로 인해 불안한 것도 그 원인이 자녀에게 있지 않습니다. 자녀의 인생은 하나님이 책임지십니다. 부모가 할 수 있는 게 없습니다. 그런데도 불안하다면 하나님께 자녀를 의탁하지 않았기 때문입니다. 자녀를 내 소관으로 간주했기 때문입니다.

말씀을 따라 순종하는 사람에겐 평안이 있습니다. 말씀이 우리 삶을 지지해 주기 때문에 평안할 수밖에 없습니다. 두려움의 감정이 사라집니다.

그러므로 두려움이 몰려온다면 그 감정과 싸우지 말고 말씀 안에 머무르기를 힘쓰십시오. 말씀이 우리 삶을 지지해 줄 때까지 하나님의 말씀을 경청하십시오. 세상 이야기가 아니라 하나님 이야기에 귀를 기울이십시오. 인내를 가지고 하나님의 이야기에 귀를 기울이십시오.

묵상은 심령 깊숙한 곳에 말씀의 뿌리를 내리는 것입니다. 말씀의 뿌리를 내리면, 시냇가에 심은 나무처럼 가물어도 걱정할 것이 없습니다. 외부의 영향을 받지 않습니다. 묵상이 삶의 습관이 되어 아침마다 말씀 안에 머무르면 말씀의 뿌리가 영혼을 휘감고 감정을 주도합니다. 평안할 수밖에 없는 겁니다.

감정의 문제는 하루아침에 해결되지 않습니다. 매일의 삶에서 조금씩 해결해야 합니다. 습관이 중요합니다. 말씀 묵상의 습관, 은혜받는 습관, 하나님께로 향하는 습관, 하나님의 임재를 경험하는 습관, 동행을 경험하는 습관을 삶에 들이는 게 중요합니다.

감정의 기복이 심하다면 영적 습관이 아직 자리 잡히지 않았기 때문입니다. 두려움이 자주 침입한다면 아직 삶이 불안정하기 때문입니다. 위기를 자주 맞는 것도 마찬가지입니다. 영적 습관을 가지면, 모든 유혹이 지나가 버립니다. 모든 위기가 지나가 버립니다. 삶이 안정됩니다. 그러므로 거룩한 영적 습관을 가지기를 바랍니다.

영적 습관에 집중하고 리듬을 찾으면, 옛사람의 습관이 점점 없어집니다. 불안정한 삶의 모습이 사라집니다. 대신에 감사가 커집니다. 기쁨이 커집니다. 이것이 가나안의 삶입니다. 담대함, 기쁨, 행복이 핵심감정이 될 때, 춤추는 인생이 됩니다. 사람들은 그런 인생을 부러워하고 닮고 싶어 합니다. 그래서 그가 믿는 하나님을 궁금해하고 마침내 믿음으로 인도됩니다. 하나님 나라의 확장은 이렇게 이뤄지는 것입니다.

핵심감정이 인생을 결정합니다. 우리는 확실한 진리와 확실한 하나님을 믿습니다. 이 믿음이 미래의 불확실성으로 인한 두려움을 물리칠 것입니다. 이 믿음이 말씀을 따라 순종하게 만들 것입니다. 말씀이 현실이 되는 역사를 일으킬 것입니다.

구원이 얼마나 광대한가, 믿음으로 사는 것이 얼마나 놀라운가를 경험하기 바랍니다. 하나님은 우리가 주눅 들어 소극적으로 살아가는 것을 원하시지 않습니다. 가나안 땅을 밟지 못하고 광야를 떠도는 인생이 되기를 원하시지 않습니다.

우리에게는 승리가 확정되었습니다. 실패할 수 없습니다. 그러므로 하나님이 허락하신 삶을 향해 거침없이 믿음으로 나아가기 바랍니다. 예수 그리스도의 군사로서 기백을 가지고 우리에게 맡기신 사명을 삶의 영토에서 이루어 가야 합니다.

Q.

Q. 하나님이 다 이루셨지만, 이스라엘 백성에게는 그 땅을 밟아야 하는 역할이 남아있었다. 오늘을 살고 있는 당신이 해야 하는 역할은 무엇이라고 생각하는가?

Q. 여호수아가 느낀 두려움이 당신에게도 있는가? 어떤 상황에서 두려움을 느끼는가?

<<<< 담대함을 위한 다섯 번째 여정

Q. 두려움을 이기는 훈련이 필요하다. 그 훈련은 어떻게 이루어
  지는가?

Q. 40년이라는 수많은 고난 속 광야의 세월 속에 모세가 버틸 수 있
  었던 이유는 무엇인가? 이는 오늘의 현대인들에게 어떠한 메시
  지로 다가오는가?

I Will _____